Liebe Leserinnen, liebe Leser,

mehr als anderthalb Jahre waren die Grenzen nach Australien wegen der Pandemie komplett geschlossen. Selbst für australische Staatsbürger war es in dieser Zeit kaum möglich, in ihr Heimatland einzureisen. Seit November gibt es jedoch positive Signale, das Land öffnet sich nun stufenweise. Einreisende müssen doppelt geimpft sein und einen negativen PCR-Test vorlegen können, bevor es an Bord eines Fliegers geht. Ab wann genau sich das Land für Touristen öffnet steht noch nicht fest. Anders sieht es für Work & Travel-Reisende aus: zum Zeitpunkt des Drucks dieses Magazins (Anfang Dezember) wurde hierfür der 15. Dezember als Starttermin kommuniziert.

Damit zeigen sich auch für uns Australien-Fans erste Lichter am fernen Horizont der nächsten Reise Richtung Down Under. In dieser Ausgabe präsentieren wir daher einen ausschweifenden Trip über den gesamten Kontinent und haben dafür insbesondere Ziele ausgesucht, die ein wenig abseits der ausgetretenen Touristenpfade liegen.

Wir starten ganz im Westen im Cape Range National Park und entdecken dort mit Hilke Maunder feuerrote Schluchten, feine Sandstrände und weite Dünen. Anschließend geht es per Allradfahrzeug weiter mitten ins Outback des Northern Territory. Reni und Marcel Kaspar präsentieren uns dort das Palm Valley. In der über zwei Kilometer langen Schlucht prägen rote Felsen, Palmen und Eukalyptusbäume die Landschaft.

Etwas weiter südlich treffen wir dann Corinna Melville und Melanie Ritter im Ikara – Flinders Ranges National Park, eines der spektakulärsten Stückchen Outback, das der Bundesstaat South Australia zu bieten hat. Wir besuchen den Wilpena Pound, einen natürlichen Kessel, der den Ureinwohnern seit Jahrtausenden als Versammlungsort und Schutzkammer dient. Mit Stefanie Stadon geht es dann weiter Richtung Osten in den Mungo National Park, einen besonderen spirituellen Ort der Aborigines, bevor wir uns mit Kängurus und unserer Autorin Michaela Urban im Cape Hillsborough National Park (Queensland) zum Frühstück treffen.

Genießen Sie die Berichte zum Schwelgen in Erinnerungen oder zur Planung Ihres nächsten Australien-Trips! Zum Abschluss möchten wir Ihnen von ganzem Herzen danken, dass Sie uns und der faszinierenden Welt Down Under auch in dieser schwierigen Zeit treu geblieben sind und wünschen Ihnen ein frohes und besinnliches Weihnachtsfest sowie Alles Gute für das Jahr 2022!

Ihre Redaktion von 360° Australien

Palm Valley (Northern Territory)

Inhalt

Einsteigen

Eintauchen

Entdecken

Erleben

Aufnehmen

Mitmachen

Einsteigen

Leben nur noch wenige Zehntausend Koalas in Australien?

Vor allem die Buschfeuertragödie um die Jahreswende 2019/20 hat den Koalas schwer zugesetzt. Nun sollen die Zahlen der australischen Beutler noch einmal drastisch eingebrochen sein, wie die Koalastiftung sagt. Forscher betrachten die Zahlen der Tierschützer zwar mit Skepsis, doch auch sie sind zunehmend besorgt.

Im Osten von Australien sind Koalas inzwischen ein seltener Anblick. Hundeattacken, Waldrodung, Straßenverkehr, Krankheiten und nicht zuletzt die verheerenden Buschfeuer 2019/20 haben den Beuteltieren schwer zugesetzt. Geschätzte 60.000 Koalas sollen laut der Tierschutzorganisation WWF bei den schweren Bränden ums Leben gekommen sein.

Besonders schockierend ist derzeit eine Meldung der Australischen Koalastiftung (AKF). Demnach sind die Koalazahlen seit 2018 in ganz Australien um 30 Prozent zurückgegangen. Inzwischen leben laut der Organisation möglicherweise weniger als 60.000 Koalas in Australien – zwischen 32.000 und 58.000, so die AKF. Laut der Stiftung schätzt die australische Regierung die Zahlen um ein Zehnfaches zu hoch ein.

Koalazahlen schwer zu schätzen
Eine Anfrage beim Umweltministerium zeigt jedoch, dass der Regierung derzeit gar keine aktuellen Daten vorliegen. Rund zwei Millionen Dollar fließen deswegen in eine Art Bestandsaufnahme – eine „Volkszählung" der Koalas. Die australische Forschungsagentur Csiro soll dieses nationale Koala-Überwachungsprogramm bis Juni 2022 auf die Beine stellen, wie die Sprecherin des Umweltministeriums bestätigte.

Ein Bundesstaat ist besonders betroffen
Laut der AKF ist der Bundesstaat New South Wales, in dem Sydney liegt, am schlimmsten betroffen. Dort sollen die Zahlen sogar um über 40 Prozent gesunken sein. Doch viele Koalaregionen in Australien verzeichnen laut der Stiftung einen Bevölkerungsrückgang. „Einige Regionen haben verbleibende Populationen, die auf nur noch fünf bis zehn Koalas geschätzt werden", hieß es in einer Pressemitteilung.

Landschaften sehen aus „wie der Mond"
Die schrecklichen Buschfeuer von 2019/20 haben natürlich zu diesem Ergebnis beigetragen, doch sie sind laut der Koalastiftung bei Weitem nicht der einzige Grund, warum Koalas immer seltener werden. „Wir haben einen drastischen Rückgang im Inland aufgrund von Dürre, Hitzewellen und Wassermangel für Koalas beobachtet", sagte die Leiterin der Stiftung, Deborah Tabart. „Ich habe einige Landschaften gesehen, die wie der Mond aussehen – mit toten und sterbenden Bäume." Außerdem seien vor allem im Osten des Landes große Waldflächen gerodet worden.

Letzteres bestätigen auch die Forscher. Crowther mahnt beispielsweise die zunehmende Fragmentierung von Habitaten an, die den Tieren die Vermehrung zwischen Populationen erschwert, da Waldkorridore fehlen. Die Tierschützerin Tabart fordert deswegen, Rodungen zu stoppen – nicht zuletzt auch, da Koalas sich nicht so einfach in andere Habitate umsiedeln lassen. Außerdem befürwortet sie ein Koala-Schutzgesetz, um den Schutz der Tiere noch einmal deutlich zu erhöhen.

Der womöglich dramatische Rückgang der Koalazahlen ist in der Geschichte nicht einmalig. So mussten die Beutler schon einmal einen heftigen Einbruch verkraften. Nachdem vor 250 Jahren wohl Millionen Koalas den fünften Kontinent bevölkerten, wurden die Beutler um 1900 wegen ihres attraktiven, weichen Fells so gnadenlos gejagt, dass man sie fast an den Rand des Aussterbens trieb. Erst als die Praxis Anfang 1900 in New South Wales, South Australia und Victoria schließlich verboten wurde, ging es langsam wieder bergauf. In Queensland wurde die Jagd sogar erst 1927 gestoppt. (Barbara Barkhausen)

Victoria: Fünf traumhafte Weinregionen

Speziell im Bundesstaat Victoria im Südosten Australiens gibt es unzählige kleinere und größere Weinanbaugebiete, deren hochqualitative Produkte Sommeliers weltweit begeistern. Nachfolgend ein Überblick über fünf der wichtigsten Weinregionen in Victoria:

Rutherglen: Das verschlafene Städtchen Rutherglen liegt am Murray River im Nordosten Victorias an der Grenze zu New South Wales. Der Weinanbau hat in dem 2.000-Seelen Ort schon seit den 1850er Jahren Tradition – viele Winzer führen ihr Unternehmen bereits in der fünften, sechsten oder sogar siebten Generation.

Mit über 20 preisgekrönten Weingütern auf insgesamt 411 Hektar Land gilt Rutherglen als unangefochtene Hauptstadt gespriteter Weine in Australien. Besonders der dort produzierte Muskat gedeiht in dem klassisch kontinentalen Klima mit heißen Sommertagen und kühlen Nächten ideal und ist weit über die Grenzen Victorias hinaus bekannt.

Pinot Coast: Die Pinot Coast erstreckt sich dem Namen entsprechend entlang einer ausgedehnten Küstenlinie im äußersten Süden Victorias – von Geelong über die Mornington Peninsula bis nach Gippsland – und ist bekannt für hervorragenden Pinot Noir. Das maritim-kühle Klima und die Weinlagen direkt am Meer bieten ideale Grundvoraussetzungen für den Reifeprozess der zarten Trauben, die die örtlichen Winzer mit viel Liebe und Kreativität zu vielschichtigen, unverfälschten Weinen verarbeiten. Über 260 Weingüter und 146 Kellereien machen die Pinot Coast zu einem vielfach ausgezeichneten Weinreiseziel; gleichzeitig besticht die Küste mit rauem, majestätischem Charme, traumhaften Landschaften und einer vielfältigen Tierwelt.

King Valley Prosecco Road: Rund 250 Kilometer nordöstlich von Melbourne, zwischen der Stadt Wangaratta und dem beeindruckenden Alpine National Park, liegt das pittoreske King Valley. Das Klima ist kontinental mit warmen Tagen und kühlen Nächten und außerdem geprägt von einer kontinuierlichen Windströmung, die von den höheren Lagen nach Norden in das Tal weht. Dementsprechend finden Weinbauern ideale Bedingungen vor und bauen in der Region verschiedenste Rebsorten an – bekannt ist das King Valley vor allem für seinen vorzüglichen Prosecco. Um das Aroma während der Produktion bestmöglich zu erhalten, arbeiten die Winzer ausschließlich mit Fässern aus Stahl.

Shiraz Central: Mittendrin statt nur dabei: Im wilden, Herzen von Victoria produzieren talentierte Winzer den würzigen, australischen Shiraz. Der Rotwein zeichnet sich vor allem durch seine raffiniert-komplexen Noten aus und gibt der Region Shiraz Central ihren Namen. Der Landstrich beginnt bereits rund 60 Fahrminuten westlich von Melbourne und schlängelt sich auf spektakuläre Art und Weise durch malerische Weinhänge und traditionsreiche Goldgräberstädte. Auch die gebirgigen Ausläufer der Grampians und der australischen Pyrenäen werden zum Shiraz Central gezählt.

Die einzigartige Lage der Region zwischen den Hochebenen und Tälern an der Südspitze der Great Dividing Range sorgen das ganze Jahr über für lange, sonnige Tage und kühle Nächte – und schaffen damit ideale Voraussetzungen für die langsam reifenden, roten Shiraz-Trauben. Die preisgekrönte Weindestination beheimatet insgesamt über 250 Weingüter und 100 Kellereien, die sich allesamt passend in die vielfältige, ungezähmte Landschaft einfügen.

Yarra Valley: Das Yarra Valley ist der absolute Klassiker unter den Weindestinationen in Victoria und Australien. Rund 50 Kilometer nordöstlich von Melbourne gelegen, umfasst das Yarra Valley mehrere schmucke Städtchen wie Coldstream, Yarra Glen, Healesville und Warburton. Die Region blickt auf eine gut 170-jährige Tradition in der Weinproduktion zurück und gilt damit offiziell als das älteste Weinanbaugebiet in Victoria – bereits 1838 wurden hier die ersten Reben gepflanzt. Mittlerweile entdecken Besucher circa 160 Weingüter, die gesamte Anbaufläche beträgt circa 2.500 Hektar. Dank des vergleichsweise kühlen Klimas gedeihen im Yarra Valley verschiedene Rebsorten prächtig.

Australien öffnet sich – in Stufen

Die neue Omikron-Variante verzögert den Öffnungsprozess des Landes, scheint ihn aber nicht zu stoppen.

Über 19 Monate waren Australiens Grenzen wegen der Pandemie geschlossen. Seit November öffnet sich der Kontinent nun stufenweise wieder für den Rest der Welt. Work & Traveller sollen noch vor Weihnachten wieder im Land begrüßt werden, die anderen Urlauber müssen vermutlich auf Anfang 2022 warten.

Die „Gateways" zur Welt sind zunächst Sydney und Melbourne. Sie haben sich seit dem ersten November wieder der Welt geöffnet. Doppelt geimpfte Australier und Bürger mit permanenter Aufenthaltsgenehmigung können dann das Land wieder ohne Ausnahmegenehmigung verlassen. Außerdem können sie auch ohne Quarantänepflicht wieder zurückkehren. Das gleiche gilt für die unmittelbaren Familien dieser Bürger. Im nächsten Schritt will Australien dann qualifizierte Migranten, Work & Traveller und Studenten begrüßen. Als letztes sollen Touristen folgen.

Wann genau Urlauber wieder einreisen dürfen, ist bisher nicht bekannt gegeben worden. Der Minister für Handel und Tourismus, Dan Tehan, mutmaßte in einem Briefing vor Journalisten jedoch, dass Urlauber noch vor Weihnachten wieder ins Land gelassen werden. Voraussetzung ist, dass Australien bis dahin eine Impfquote von 80 Prozent erreicht. Letztere ist jedoch in greifbarer Nähe. Anfang Dezember waren bereits über 87 Prozent der Australier ab 16 Jahren vollständig geimpft und über 73% der Gesamtbevölkerung vollständig geimpft.

Wer künftig nach Australien einreisen will, muss doppelt geimpft sein und einen negativen PCR-Test vorlegen können, bevor er an Bord eines Fliegers geht. Für Ungeimpfte gibt es die Möglichkeit einzureisen, solange sie sich in Quarantäne begeben. Doch das Kontingent an Quarantäneplätzen wird sehr begrenzt sein.

Im Land selbst herrscht aufgrund der internationalen Öffnung jedoch Verwirrung, denn einige Bundesstaaten ziehen derzeit nicht mit. Denn während Sydneysider und Melburnians derzeit zwar nach Paris, London oder New York reisen können, erlauben Perth (Western Australia) oder Darwin (Northern Territory) nach wie vor keine Besucher aus anderen australischen Bundesstaaten. Queensland, South Australia und Tasmanien, die ebenfalls lange dicht gemacht haben, um coronafrei zu bleiben, wollen ihre Grenzkontrollen dagegen noch vor Weihnachten entspannen - zumindest war dies der Plan, bevor die Omikron-Variante eine Thema wurde.

Bei der Einreise ist es auch wichtig zu wissen, dass die australische Fluglinie Qantas auf ihren internationalen Flügen nur noch geimpfte Passagiere transportieren will. Qantas-Chef Alan Joyce begründet dies mit den hohen Sicherheitsstandards der Fluglinie. Auch für die 22.000 Angestellten von Qantas ist die Impfung bereits Pflicht – mit Ausnahme derjenigen, die eine medizinische Begründung angeben können.

Australien hat über lange Zeit eine No-Covid-Strategie mit geschlossenen Grenzen, Quarantäneprogrammen und Blitzlockdowns verfolgt. Diese hat in den vergangenen eineinhalb Jahren tausende Menschenleben gerettet und den Menschen auf dem fünften Kontinent über lange Zeit ein relativ normales Leben beschert. Die Schattenseite war jedoch, dass zwischenzeitlich bis zu 40.000 Australier im Ausland feststeckten, nachdem die Fluggesellschaften die Flugangebote reduzierten, Preise explodierten und Angebote immer wieder storniert wurden. Die geschlossenen Grenzen bedeuteten nicht nur, dass niemand einreisen konnte, sondern auch, dass die Menschen im Land nur mit Ausnahmegenehmigung ausreisen konnten. Diese war zudem an strenge Regeln gebunden – ein Familienbesuch beispielsweise reichte als Grund nicht aus. Zum Umdenken zwang die Australier letztendlich ein Ausbruch der Delta-Variante im Juni, der Sydney in einen 15-wöchigen Lockdown schickte, bevor die Stadt sich nach einer erfolgreichen Impfkampagne endlich wieder öffnen konnte.

Wer Qantas fliegen will, muss gegen Covid-19 geimpft sein.

Kochen mit Bush Tucker

– traut euch!

Mitten in der Pandemie besinnt sich Australien auf seine eigenen Schätze. Nachdem Bush Tucker jahrzehntelang stiefmütterlich behandelt wurde, gewinnen die einheimischen Zutaten nun an Popularität. Kochsendungen im Fernsehen haben in den vergangenen Monaten ebenfalls die heimische Küche ins Rampenlicht gestellt.

Bush Tucker mit Witchetty Grubs in einem Coolamon

Wer an australisches Essen aus dem Busch denkt, der stellt sich gerne die süßen Honigameisen oder die dicken, weißen Witchetty Grubs vor, die die Aborigines über dem Feuer rösten oder auch roh verspeisen. Doch weder Ameisen noch Mottenlarven gibt es natürlich im Supermarkt zu kaufen oder online zu bestellen. Dafür braucht es einen tatsächlichen Besuch im Outback.

der Chefkoch des Charcoal Lane in Melbourne

Andere Zutaten aus dem Busch lassen sich inzwischen jedoch auch in der Stadt oder zu Hause in der eigenen Küche genießen – selbst wenn dieses Zuhause nicht in Australien liegt. Mehrere Restaurants in Melbourne beispielsweise bieten inzwischen Gerichte mit einheimischen Zutaten und verschiedene Startups verschicken australische Zutaten aus dem Busch direkt nach Hause.

„Ich habe 25 Jahre lang versucht, Bush Tucker zum Trend zu machen", berichtet Greg Hampton, der Chefkoch im Restaurant Charcoal Lane in Melbourne, eine Nonprofit-Organisation, die indigene Jugendliche im Bereich der Gastronomie ausbildet, und mit das Beste serviert, was einheimische Genüsse zu bieten haben. Selbst Prinz Harry und seine Frau Meghan waren einst bei Hampton zu Gast, als sie Australien besuchten.

Hampton war als junger Koch einst durchs Land gereist und hat dabei von indigenen Australiern viel über die einheimische Pflanzen- und Tierwelt gelernt. Während seiner Reisen traf er auch auf einen Wissenschaftler, der damals als einer der ersten versuchte, Native Foods zu kommerzialisieren. Nachdem er über Jahre hinweg wenig Erfolg hatte, den Leuten die Zutaten aus dem Busch schmackhaft zu machen, „scheinen viele jetzt erstmals aufzuhorchen", wie er sagt. „Außerdem wird es immer leichter, die Zutaten auch zuverlässig zu bekommen." Zudem erhalten die Lebensmittel deutlich mehr Medienaufmerksamkeit – in Artikeln wie auch in Kochsendungen im Fernsehen.

Die „Königin der Nüsse"

Im Ausland ist laut Hampton vor allem die Nachfrage nach Früchten und Nüssen groß. Macadamianüsse sind dabei wahrscheinlich der bekannteste Bush-Tucker-Export Australiens. Die große, wohlschmeckende Nuss, die zu den teuersten Nüssen der Welt gehört und daher auch gerne als „Königin der Nüsse" bezeichnet wird, wurden mit Sicherheit bereits von den australischen Ureinwohnern verzehrt. Ihren Durchbruch erlebte die Nuss aber, als die Europäer 1848 mit ihr in Kontakt kamen. Der erste kultivierte Macadamia-Baum der Welt wurde nach heutigem Wissen 1858 von Walter Hill im Botanischen Garten in Brisbane gepflanzt. Und bis heute lassen sich laut einer Studie wohl rund 70 Prozent aller Macadamia-Bäume auf einen oder eine Gruppe von Bäumen aus Australien zurückverfolgen.

Für Hampton sind die „Stars des Bush Tuckers" aber eher die weniger bekannten Pflanzen. Er kocht gerne mit Sandelholznuss, Zitronenmyrtenblätter, Fingerlimette oder Salzbusch. Sein Favorit ist dabei der Salzbusch. „Dieser wächst in saliner Erde, dort wo andere Pflanzen oft gar nicht mehr gedeihen können", sagt der Koch. „Am besten frittiert man ihn, so dass er schön knusprig wird." Roh könne man ihn dagegen nicht essen.

Zu seinen Lieblingskräutern gehört beispielsweise Geraldton Wax. Dieser Bush Tucker wird derzeit von dem in Perth ansässigen Pflanzenzüchter Helix Australia vermarktet. Helix-Geschäftsführer Adrian Parsons ist selbst ein begeisterter Koch, der den Geschmack der Blume als „pikant mit Zitrusnoten, ein bisschen wie Zitronenmyrte" beschreibt. Ähnlich wie beim Rosmarin streift man die Blätter der Blume ab, mischt sie mit etwas Öl und einer Prise Salz und gewinnt so eine grüne Salsa-Verde-Paste, die bestens zu Fisch, Garnelen oder Lamm passt.

Superfood voller Vitamine

Ein beliebtes, schmackhaftes Gemüse ist Youlk, auch als Ravensthorpe-Rettich bekannt. Youlk ist eine von vielen essbaren Wurzeln im australischen Busch und kann ganzjährig geerntet werden. Youlk ähnelt dabei weniger einem Rettich, wie wir ihn kennen, sondern eher unseren Karotten. Die Wurzel hat eine knackige, apfelähnliche Textur und ähnelt geschmacklich einer Mischung aus Karotte und süßem Eukalyptus. Youlk eignet sich für Salat, Eintopf, Kuchen oder Gratin.

Unter den Früchten stechen vor allem die Davidson-Pflaume wie auch die Kakadu-

Blüten des Macadamiabaumes, dessen Nüsse so begehrt sind

Ein Gericht mit Wax Flower.

KEBABS MIT BUSCHKRÄUTERN

ZUTATEN
1 TL gemahlene Zitronenmyrte, ½ TL gemahlener Salzbusch, ½ TL gemahlener einheimischer Thymian, ½ TL gemahlener gemischter einheimischer Pfeffer,
1 TL gemahlene Petersilie, 1 Hähnchenbrust oder 1 Päckchen harter Tofu, Naturjoghurt nach griechischer Art oder Speiseöl nach Wahl, Salz nach Geschmack

FÜR DIE KRÄUTERMISCHUNG
Alle Kräuter mischen und ½ bis 1 TL Salz hinzufügen. Wer mit Tofu kocht, sollte auch ½ bis 1 Teelöffel Zucker hinzufügen.

FÜR DAS HÜHNCHEN/TOFU
Bambusspieße in Wasser einweichen, Hähnchen oder Tofu würfeln und in Öl oder Joghurt (oder halb halb) gemeinsam mit einem Teelöffel der Kräutermischung in einer Plastiktüte oder einem Behälter mindestens drei Stunden im Kühlschrank marinieren und dann auf die Spieße stecken.

Auf einem Grill oder auf einem Rost im Ofen anbraten, bis es leicht gebräunt ist und durchgegart ist. Eventuell mit einem Spritzer Macadamiaöl abschmecken.

Pflaume heraus. Davidson-Pflaumen sind Regenwaldfrüchte mit einem würzigen, eher säuerlichen Geschmack, die sich gut für Nachspeisen eignen oder um Soßen zu verfeinern. Die Kakadu-Pflaume ist nicht nur schmackhaft, sondern auch sehr gesund. Kakadu-Pflaumen sind reich an Antioxidantien und enthalten mehr als die 100-fache Menge Vitamin C einer Orange. Indigene Völker verwenden die Frucht seit Jahrtausenden wegen ihrer konservierenden und medizinischen Eigenschaften.

Ein beliebtes Bushfood sind auch die einheimischen Pfirsiche, die sogenannten Quandongs. Sie schmecken gut mit Wildfleisch – aus ihnen lassen sich aber auch leckere Marmeladen und Kuchen herstellen. Auch Bunya-Nüsse sind mit ihrem süßlichen Geschmack und hohen Eiweißgehalt eine leckere Zutat für Nachspeisen. Der Bunya-Baum ist ein mächtiger Baum, der erst nach etwa 100 Jahren die ersten Früchte trägt.

Für Anfänger der australischen Küche empfiehlt Hampton Zitronenmyrte. Diese eignet sich sowohl zum Würzen von gebratenem Huhn, fügt aber auch in Süßspeisen wie Käsekuchen eine interessante Note hinzu. Auch der einheimische australische Peffer ist ein gutes Gewürz für all diejenigen, die mit der einen oder anderen australischen Zutat aus dem Busch starten und sie in das eigene Kochen miteinbinden wollen, wie der Chefkoch erklärt. „Er hat einen tollen Geschmack – eine Mischung aus Wacholder, Eukalyptus und Pfeffer.“ Außerdem enthält der einheimische Pfeffer viermal so viele Antioxidantien wie Blaubeeren und ist damit sehr gesund.

Zitronenmyrte

Insgesamt gibt es über 6000 einheimische Pflanzen, die man essen kann, darunter auch viele einheimische Getreidesorten. Die australische Hirse beispielsweise ist ein ausgesprochen guter Allrounder. Sie ist einfach zu züchten und zu ernten, leicht in Mehl umzuwandeln, glutenfrei und wesentlich nahrhafter als Weizen. „Eigentlich gibt es für praktisch alle Frucht-, Gemüse- und Getreidesorten, die wir kennen, ein einheimisches Pendant", sagt Hampton. Vieles würde nur anders schmecken, als man auf den ersten Blick vermuten würde: „Buschbananen beispielsweise schmecken nicht wirklich wie Bananen, sondern eher wie Erbsen", sagt er. Daran müsse man sich dann halt gewöhnen.

Die Kakadu-Pflaume

ⓘ

Pocket Herbs & Produce, www.pocketherbs.com.au
Helix Australia, www.helixaustralia.com.au
Foodie Trails, www.foodietrails.com.au/australian-native-ingredients-experience
Australian Superfood, austsuperfoods.com.au

RESTAURANTS

Charcoal Lane, 136 Gertrude Street, Fitzroy, VIC 3065, Tel: +61 3 9418 3400, *www.charcoallane.com.au*

Mabu Mabu,13 Anderson Street, Yarraville, VIC 3013, Tel: +61 438 860 013, *www.mabumabu.com.au*

AKTIVITÄTEN

Aboriginal Heritage Walk Royal Botanic Gardens: Birdwood Avenue, Melbourne VIC 3000, Tel: +61 3 9252 2429, *www.rbg.vic.gov.au*, (Sydney hat ein ähnliches Angebot in seinem Botanischen Garten)

Bunjilaka Aboriginal Cultural Centre: 11 Nicholson Street, Carlton VIC 3053, Tel: +61 3 8341 7777, *www.museumsvictoria.com.au/bunjilaka/*

My Dilli Bag: Aunty Dale Chapman bietet Online-Kochkurse mit Bush Tucker, 5B/354 Mons Road, Forest Glen QLD 4556, Tel: + 61 402 616 056, *mydillybag.com.au*

Cape Byron Distillery: alkoholische Getränke aus Davidson-Pflaumen, Macadamia-Nüssen etc., 80 St Helena Road, McLeods Shoot NSW 2479, Tel: + 61 2 6684 7961, *capebyrondistillery.com*

Die steilen Felswände der Yardi Creek Gorge lassen sich beim Wandern und bei einer Bootsfahrt entdecken.

The Cape ist das einzige Kalksteinplateau der North West Coast. Feuerrote Schluchten durchziehen es; zerfurchte Berge mit rot-weißen Streifen recken sich in den subtropischen Himmel. Seine Sandstrände, Klippen und weiten Dünen gehen nahtlos über zum Ningaloo Marine Park.

Tor zum Land-Meer-Duo, das seit 2011 zum Weltnaturerbe gehört, ist das touristische Städtchen Exmouth. Von dort aus führt die Murat Road zum Bundegi Coastal Park, an dessen Ende die wichtigste Erschließungsstraße der Halbinsel beginnt: die Yardie Creek Road. Nach rund sieben Kilometern führt eine Stichstraße zum Vlaming Head Lighthouse – ein toller Ort, um den Sonnenuntergang über dem Indischen Ozean zu erleben!

Zurück auf der Hauptroute, endet die geteerte Straße am Yardie Creek. Weiter bis nach Coral Bay geht es nur bei Ebbe mit einem Allradwagen. Die steile Schlucht, die der Creek in den Kalk gefräst hat, kann man zu Wasser bei Bootstouren erleben. An Land führt der 500 Meter lange Yardie Creek Walk

Trail hinein in die Schlucht, der bis auf 1,5 Kilometer (90 Minuten) verlängert werden kann.

Wer Schluchten liebt: Auch Shothole Canyon, Mandu Mandu Gorge und Charles Knife Canyon lassen sich auf kurzen, markierten Wegen entdecken.

Landein ist Cape Range wild und weit – und die Heimat unzähliger Kängurus, Emus und wilder Ziegen. Auch riesige Trappen laufen hier durchs Gebüsch, während am hohen Himmel Adler kreisen. An der Küste vor dem Ningaloo Reef reihen sich traumhafte Strände und weite Dünen aneinander. Besonders Osprey Bay, Sandy Bay und Turquoise Bay sind herrliche Badebuchten, paradiesisch ruhig und niemals überlaufen. Der beste Platz, um ungestört Vögel zu beobachten, ist der Mangrove Bay Bird Hide an der gleichnamigen Bucht – nur 100 Meter entfernt gibt es einen kostenlosen Parkplatz. Fächerschwänze huschen durch das Grün der Mangroven; bei Ebbe rennt der örtliche Halsbandliest (Todiramphus sordidus pilbara) über den Meeresboden und jagt Kleingetier. Typisch für diese Eisvogelart sind das leuchtende, grünblaue Oberkleid, der weiße Halsring und der schwarze Streifen, der seinen

Traumstrand: Turquoise Bay

Hilke Maunder

Die Hamburger Journalistin Hilke Maunder hat sich seit drei Jahrzehnten auf Australien und Frankreich spezialisiert und bloggt auch aus beiden Ländern (*www.meinfrankreich.com*, *www.reiseschreibe.de*). In Australien hat sie bereits öfters bei und mit Aborigines gelebt – und im Busch, den Mangroven und den Meeresbuchten mit ihnen gesammelt und gejagt, was essbar war.

Der Cape Range National Park grenzt an das Meeresschutzgebiet von Ningaloo Reef.

Augen das Aussehen einer Maske verleiht. Die Strände der Küste gehören zu den wichtigsten Brutplätzen der bedrohten Meeresschildkröten. Alljährlich zwischen Dezember und März kommen die großen Echten und Unechten Karettschildkröten an den Strand und legen ihre Eier ab.

Zu den schönsten Schnorchelrevieren direkt an der Küste gehört Oyster Stacks – kein sandiger Streifen, sondern eine zerklüftete Felsküste.

BUCHTIPP
AUSTRALIEN WESTERN AUSTRALIA
50 Highlights abseits der ausgetretenen Pfade

Dieses Buch stellt 50 Inseln und Berge, Nationalparks und Städte, Wanderziele und Erlebnisse vor, die keine Mainstream-Ziele sind, sondern Perlen für Individualisten: kleine Juwele, typisch, authentisch und garantiert abseits ausgetretener Pfade. Darunter sind echte Geheimtipps, die nur die locals kennen, Projekte von Aussteigern und Angebote von indigenen Führern.

Lernen Sie mit unseren Tipps bei Ihrem Walkabout das echte, unverfälschte Western Australia kennen!

Hilke Maunder
360° medien, 1. Auflage 2018,
208 Seiten
Preis: 14,95 EUR
978-3-947164-61-5

Bei Ebbe liegen die vielen Felsen der Osprey Bay frei.

Achtung: Da die Korallen so dicht an Land liegen, darf nur bei Hochwasser (Flut) geschnorchelt oder getaucht werden. Jede Berührung tötet die winzigen Polypen der Korallen! Gezeitentabellen gibt es im Visitor Centre von Exmouth, im Cape Range Milyering Discovery Centre oder online beim Australian Bureau of Meteorology (*www.bom.gov.au*). Unzählige Rifffische, kleine Rochen und selbst Meeresschildkröten lassen sich im klaren, türkisblauen Wasser hautnah beobachten. Weiter draußen lockt Australiens größtes Saumriff mit einem ganz besonderen Erlebnis: tauchen und schnorcheln mit dem Walhai. Törns starten in Exmouth und Coral Bay.

LAGE
50 km westlich von Exmouth an der Coral Coast

ANREISE
auf dem North West Coastal Highway bis Yannarie, wo die Burketts Road nach Norden Richtung Exmouth abzweigt. Nach rund 80 km beim Minilya-Exmouth Roadhouse gen Norden auf die Minilya-Exmouth Road abbiegen. Vorsicht beim Fahren in der Dämmerung: Unzählige Kängurus kreuzen dann die Fahrbahn!

ÖFFNUNGSZEITEN
täglich rund um die Uhr. Beste Reisezeit ist April bis September; im australischen Sommer können die Temperaturen auf bis zu 50° C steigen.

EINTRITT
Nationalparkgebühr: 13 AUD/Fahrzeug mit bis zu 12 Personen, Holiday Pass: 46 AUD/4 Wochen für alle gebührenpflichtigen Nationalparks von Western Australia

AKTIVITÄTEN
schwimmen, schnorcheln, tauchen, surfen, paddeln, buschwandern, Vögel beobachten

rund ein Dutzend kleine, einfache Campingplätze entlang der Küste – für 13 AUD kann man direkt am Strand zelten! Früh kommen – die Plätze, die nicht online buchbar sind, werden in der Reihenfolge des Eintreffens vergeben. Online-Buchung: *parks.dpaw.wa.gov.au/park-stay*

Palm Valley

– Eine Oase aus roten Felsen, permanenten Wasserlöchern und Palmen

Der Finke River hat mit seinen permanenten Wasserlöchern eine eindrucksvolle Landschaft im Outback entstehen lassen. Von Hermannsburg kommt man über eine anspruchsvolle 4WD-Strecke zum Palm Valley. Rote Felsen, Palmen und Wasserlöcher dominieren die Landschaft und bieten Tieren einen Lebensraum.

Kalarranga Lookout

Track vom Palm Creek zum Palm Valley

Sonnenuntergang entlang des Tracks zum Palm Valley

Das Palm Valley befindet sich im westlichen Teil des Finke Gorge National Park und ist nur mit einem 4WD-Fahrzeug erreichbar. Auf der 20 Kilometer langen Strecke gibt es zwei Flussdurchquerungen, sandige und extrem holprige Passagen zu meistern. Die Fahrt startet in Hermannsburg, und bis zur Abzweigung, die ins Palm Valley führt, erfolgen die ersten 2,5 Kilometer noch auf geteerter Straße. Beim Eingang zum Finke Gorge National Park ist eine Informationstafel mit wichtigen und nützlichen Hinweisen zum Track und Campingplatz aufgestellt. Die Weiterfahrt erfolgt auf unbefestigter Straße, über Feldwege, durch Flussläufe und ausgewaschene Felsen.

Für die Fahrt von Hermannsburg bis zum Palm Creek Camp ist mit rund 45 Minuten zu rechnen. Die ersten sieben Kilometer zum Palm Valley erfolgen direkt im Flussbett des Finke River. Schwierig sind die ersten paar Kilometer nicht, auch wenn der Untergrund mal steinig und mal sandig ist. Trotzdem ist ein Geländewagen Voraussetzung für die Fahrt ins Palm Valley, denn der Track wird kurviger und es gibt auch höhere Auf- und Abfahrten. Nach weiteren neun Kilometern erreicht man bereits den Palm Creek-Campingplatz im Finke Gorge National Park.

So richtig anspruchsvoll wird der Track erst nach dem Campingplatz. Die letzten vier Kilometer bis zum Palm Valley erfordern fahrerisches Geschick, denn man muss mehrere Flussläufe, ausgewaschene Felsen und Wassertümpel durchfahren. Einige Stellen sind nur mit einem Geländewagen mit hoher Bodenfreiheit machbar, da manche Auswaschungen sehr tief sind. Die Geschicklichkeit des Fahrers ist gefordert, denn an einigen Felsen sind bereits tiefe Kratzspuren zu sehen. Das sind Anzeichen dafür, dass schon manche mit dem Unterboden des Fahrzeuges gestreift haben. Das perfekte Terrain für 4WD-Enthusiasten.

Die Straße endet beim Palm Valley. Wer die 2,5 Kilometer lange Schlucht mit seiner üppigen Vegetation entdecken will, kann dies zu Fuß tun. Rote Felsen, Palmen und Eukalyptusbäume prägen die Landschaft. Hier ist eine richtige Oase entstanden. Es heißt, die Oase sei ein Überbleibsel aus der Zeit, als das Zentrum von Australien mehr Bäume und Wasser hatte. Besonders speziell sind die Red Cabbage Palms, die nur im Palm Valley gedeihen. Sehr empfehlenswert ist der Mpulungkinya Track, ein fünf Kilometer langer Rundwanderweg, der auf das Plateau und in die Schlucht führt. Auf dem Pfad, der durch das Palm Valley führt, kann man die ganze Schönheit bewundern. Ob man die Wanderung in Uhrzeigersinn oder im Gegenuhrzeigersinn macht, spielt keine große Rolle. Wer zuerst auf das Plateau geht (Wanderung im Uhrzeigersinn), hat die steile Passage und somit den anstrengenden Teil zu Beginn der Wanderung. Wer wenig Zeit hat oder eine kürzere Wanderung bevorzugt, kann sich den Arankaia Walk (2 km) vornehmen. Der erste Kilometer führt durch die Schlucht, bevor es über eine Treppe auf das Plateau hoch geht. Zurück geht es an der Abbruchkante entlang mit toller Aussicht auf die palmengesäumte Schlucht.

Das Palm Valley ist eine Sackgasse und so geht es den selben Weg zurück. Damit kommt man automatisch beim Palm Creek Camp, dem offiziellen Campingplatz des Nationalparks, vorbei. Nur wenige hun-

Wasserloch im Palm Valley

BUCHTIPP

AUSTRALIEN ROADTRIPS

32 außergewöhnliche Routen abseits der ausgetretenen Pfade

In diesem Buch finden Sie spannende Strecken in Australien, die durch wunderschöne Landschaften und das typische Outback führen. Sie finden eine Auswahl an Roadtrips für jedes Zeitbudget. Von der Durchquerung sandiger Wüsten und anspruchsvollen Off road-Tracks durch den Regenwald bis hin zum kurzen Abstecher in die Berge von Victoria. Entdecken sie mithilfe dieses Buches Australien abseits der ausgetretenen Pfade. Einer unvergesslichen Reise steht nichts mehr im Weg.

Reni & Marcel Kaspar

360° medien, 1. Auflage 2019,
232 Seiten
Preis: 14,95 EUR
978-3-947164-78-3

dert Meter weiter gibt es einen weiteren lohnenswerten Lookout und eine Wanderung. Wer im Palm Creek campt, kann vom Campingplatz zu Fuß in rund zehn Minuten hinübergehen. Es gibt aber auch einen Parkplatz beim Start des Wanderweges zum Lookout. Der Kalarranga Lookout ist ein Highlight in diesem Teil des Nationalparks. Die schönste Aussicht gibt es auf dem einfachen Lookout Walk (1,5 km). Die roten Felswände und die riesigen Steinbrocken sind besonders beeindruckend bei Sonnenuntergang. Dann nämlich beleuchtet das Abendlicht die Felsen und lässt die Landschaft wie eine Traumwelt erscheinen. Ebenfalls sehr schön ist der fünf Kilometer lange Mpaara Walk. Während der etwas anspruchsvolleren Wanderung kann man auf Informationstafeln Geschichten der Aborigines lesen und so mehr über den Stamm der Arrernte erfahren. Wer die Augen offen hält, kann Greifvögel, Echsen und Spinifex-Tauben sehen. Für die Rundwanderung sollte man rund zwei Stunden rechnen.

Felsformation im Palm Valley

Die Rückfahrt nach Hermannsburg erfolgt auf demselben Track, über Feldwege und durch das Flussbett des Finke River.

Reni und Marcel Kaspar

Reni und Marcel Kaspar sind in der Welt zu Hause. 2007 haben sie die Schweiz das erste Mal für längere Zeit verlassen. Nach einer achtmonatigen Reise durch Südostasien haben die beiden ihre Jobs im Marketing und Management gegen das Leben als Tauchlehrer in den Tropen eingetauscht. 2008 sind sie das erste Mal für acht Monate nach Australien gereist. Down Under hat ihr Herz im Sturm erobert und so sind sie 2013 und 2016 erneut zurückgekehrt. Drei Reisen, drei Jahre und 125.000 Kilometer haben sie in Australien verbracht. Viele davon auf einsamen Strecken im Outback und abseits der ausgetretenen Pfade. Seit Frühjahr 2018 reisen sie mit ihrem australischen 4WD-Camper rund um die Welt. Mehr davon auf ihrem Reiseblog *swissnomads.ch*.

Aussicht auf das Palm Valley vom Plateau aus

LAGE
Das Palm Valley befindet sich im Finke Gorge National Park, 138 km westlich von Alice Springs.

ANFAHRT
von Hermannsburg auf dem Larapinta Drive 2,5 km in südwestlicher Richtung auf den Palm Valley Track abbiegen

DISTANZ
22,5 km von Hermannsburg bis zum Palm Valley-Parkplatz Reisedauer: 1,5 Stunden, 1 bis 2 Tage einplanen für Wanderungen im Nationalpark sowie Hin- und Rückfahrt

BESTE REISEZEIT
April bis September

ÖFFNUNGSZEITEN
immer; die Straßen zum Finke Gorge National Park können bei Regen geschlossen werden.

EINTRITT
nichts

AKTIVITÄTEN
Wanderungen in verschiedenen Schwierigkeitsgraden, campen, picknicken, Tiere beobachten und 4WD-fahren

UNTERKÜNFTE/CAMPING
Palm Creek Campsite mit Toiletten, Duschen, Trinkwasser und Feuerstellen, 6,60 AUD Erwachsene, 3,30 AUD Kinder (5-15 Jahre)

VERSORGUNG
In Hermannsburg gibt es einen kleinen Supermarkt mit Tankstelle.

Achtung: Für die Fahrt zum Palm Creek Campingplatz und zum Palm Valley wird ein Geländewagen mit hoher Bodenfreiheit benötigt.

Die letzten 4 km vom Campingplatz bis zum Palm Valley sind anspruchsvoll und Erfahrung im 4WD-Fahren ist notwendig.

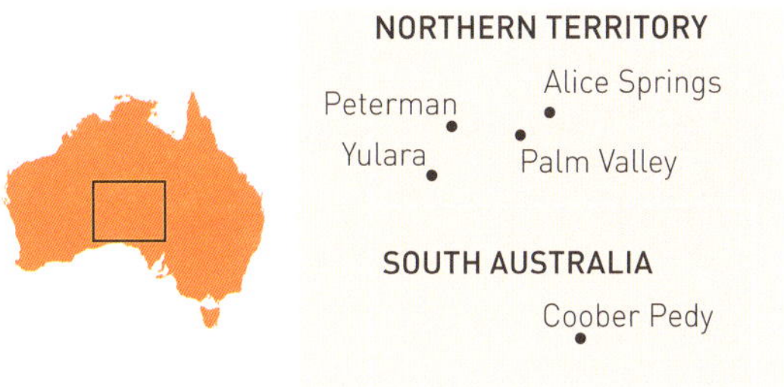

Flinders Ranges National Park

Rundwanderung um den Wilpena Pound

Der Ikara – Flinders Ranges National Park ist zweifellos eines der spektakulärsten Stückchen Outback, das der Bundesstaat South Australia zu bieten hat. Aushängeschild ist Wilpena Pound, ein natürlicher Kessel, der den Ureinwohnern seit Jahrtausenden als Versammlungsort und Schutzkammer dient. Ein 19 Kilometer langer Wanderpfad führt entlang des Kesselrandes.

Flug über den Wilpena Pound

Der Wilpena Pound ist seit Jahrhunderten ein Versammlungsort der Ureinwohner

Als „Ikara“ – übersetzt Treffpunkt – bezeichnen die hier heimischen Adnyamathanha-Ureinwohner den Wilpena Pound. Tatsächlich dürfte es schwer sein, einen schöneren Versammlungsort zu finden. Bis zum heutigen Tag werden an einigen Stellen Zeremonien veranstaltet, die allerdings nur den Ureinwohnern zugänglich sind.

Besucher erhalten auf dem Wilpena Pound Hike einen Eindruck von diesem riesigen, natürlichen Amphitheater. Es empfiehlt sich die Wanderung früh am Morgen zu starten; sieben bis acht Stunden sollte man für den gesamten Rundweg mindestens einplanen. Ein einfach etwa 1,25 Kilometer langer Abstecher im Norden führt zum St. Mary Peak, mit 1171 Höhenmetern die höchste Kuppe in den Flinders Ranges. Wer entgegen dem Uhrzeigersinn wandert, überwindet den steilen Anstieg hinauf zum Tanderra Saddle auf den ersten sieben Kilometern, anschließend geht es mit Blick über den Kessel gemächlich zurück hinab ins Tal.

Die gewellten Felswände, die auf der Wanderung als Kulisse dienen, entstanden übrigens im Präkambrium und haben bis zu 580 Millionen Jahre auf ihren idyl-

verdiente Pause auf dem Wilpena Pound Hike

Corinna Melville

Ein Praktikum bei einer deutschen Zeitung brachte Corinna Melville 2004 nach Australien. Aus dem Auslandsjahr wurde ein neues Leben: Heute lebt sie mit ihrer Familie in Adelaide und hat bereits zahlreiche Bücher über ihre Wahlheimat veröffentlicht.

lisch überwachsenen Buckeln. Zwischen den alten Steinwänden soll sich damals ein Meer mit einem beachtlichen Riff befunden haben, und wer genau hinsieht findet dessen Hinterlassenschaften bis heute in den ockerfarbenen Felsen: mit einem Schuss Wasser übergossen kommen versteinerte Austern zum Vorschein und dazu Trilobiten, eine längst ausgestorbene Krabbenart.

Im Nationalpark darf auch übernachtet werden. Neben einigen von der Nationalparkbehörde verwalteten Zeltplätzen bietet das Wilpena Pound Resort Zelt- und Camperstellplätze sowie gemütliche Cabins. Das Resort wird von Ureinwohnern geleitet, die regelmäßig zum allabendlichen Lagerfeuer einen Einblick in ihre Kultur bieten. Im Restaurant werden zudem gute und verhältnismäßig günstige Pubmeals serviert.

Beeindruckende Ausblicke auf dem Wilpena Pound Hike

Brachina Gorge, unweit des Wilpena Pound

LAGE
Wilpena Pound liegt 460 Kilometer nördlich von Adelaide, 700 Kilometer südlich von Cooper Pedy oder 1386 Kilometer südlich von Alice Springs, GPS: -31.526456, 138.606148

ANFAHRT
Die schnellste Route ab Adelaide führt entlang des National Highway A1 über Port Augusta. Schöner ist die Strecke durch das Landesinnere über das Weingebiet Clare Valley. Die Straße nach Wilpena Pound und in den Nationalpark bis nach Blinman ist geteert.

KOSTEN
Für den Ikara-Flinders Ranges National Park wird keine Gebühr verlangt.

UNTERKÜNFTE
Im Wilpena Pound Resort hat man die Wahl zwischen schattigen Zeltplätzen, ab 25 AUD, bequemen Zimmern mit Bad, ab 193 AUD, und luxuriösen Glampingzelten mit Blick auf die Berge, ab 320 AUD: *wilpenapound.com.au*

Zudem gibt es im Nationalpark einige kleine Campingplätze; *parks.sa.gov.au/find-a-park/Browse_by_region/flinders-ranges-outback/ikara-flinders-ranges-national-park*

Website: *walkingsa.org.au/walk/find-a-place-to-walk/st-mary-peak-hike-wilpena-pound*

HINWEIS
Nicht selten klettert das Thermometer in den Flinders Ranges auf 40 Grad Celsius. Wanderer sollten daher unbedingt im Voraus die Wettervorhersage prüfen und ausreichend Wasser und Sonnenschutz mitnehmen.

BUCHANKÜNDIGUNG
Im Sommer 2022 erscheint von den Autorinnen Corinna Melville und Melanie Ritter das Buch „South Australia und Northern Territory – 40 Highlights abseits der ausgetretenen Pfade" im Verlag 360° medien.

Mungo National Park

Geburtsstätte der Aborigines

Hier war einst eine
riesige Seenlandschaft.

Als sei man mitten in der Wüste ...

In Australien gibt es jene spirituellen Orte, die nicht von dieser Welt zu sein scheinen. Der Mungo National Park inmitten der Willandra Lakes gehört ohne Zweifel in diese Kategorie. Den Titel als Weltkultur- und -naturerbe verdankt die Region zahlreichen fossilen Funden und der faszinierend unwirklichen Erscheinung.

Genau genommen liegt der Mungo National Park in New South Wales. Doch wer nicht gerade nach Broken Hill fährt, kommt hier nicht mal eben schnell vorbei. Stattdessen ist Mildura, der nordwestliche Zipfel Victorias, das leichter erreichbare Einfallstor. Dass hier dennoch kaum Andrang herrscht, ist wohl der extrem abgeschiedenen Lage zu verdanken. Dabei ist der Nationalpark von immenser historischer und kultureller Bedeutung. Die hiesigen Funde von Mungo Lady und Mungo Man Ende der 1960er-Jahre waren eine Sensation, bewiesen sie doch, dass die indigene Besiedlung mit 40.000 bis 60.000 Jahren weitaus länger als angenommen zurückreicht. Ganze Geschichtsbücher mussten in der Folge umgeschrieben werden.

Den Reisenden zieht heute vor allem die surreale Landschaft in den Bann. Vom Besucherzentrum führt ein 70 Kilometer langer unbefestigter, mit 2WD befahrbarer Rundweg durch den Park. Zu dessen Höhepunkten zählen die Walls of China – aus Ton- und Quarzpartikel geformte Lehmdünen, die sich über 30 Kilometer entlang der Uferlinie des einstigen Mungo Lake erstrecken und dem Besucher das Gefühl geben, er sei auf dem Mond. Der Rundweg zieht vorbei an weiteren Attraktionen wie den Wandersanddünen rund um Vigars Well, auf denen sich allzu oft Emuspuren erspähen lassen. Vom höher gelegenen Mungo Lookout schweift der Blick schließlich hinaus in die unglaubliche Weite und den endlosen Himmel dieser prähistorischen Landschaft aus Dünen, Gras- und Buschland sowie dem so markanten roten Sand des Outback.

Der Besucher ist von der Szenerie so gefesselt, dass er sich nur schwer von ihr losreißen kann. Wer daher länger bleiben mag, kann in einfachen Bush Camps mit Komposttoilette oder aber in einer Lodge mit fließend Wasser übernachten. So ist man zugleich live dabei bei einem weiteren Höhepunkt, nämlich wenn zur Dämmerung die erodierten Türme der Walls of China in den knalligsten Gelb-, Rot- und Pinktönen leuchten.

Stefanie Stadon

Nach dem Studium lockte das Fernweh Stefanie anno 2010 für ein Work & Travel-Jahr nach Australien. Seitdem entfachen regelmäßige Urlaube sowie ihr australischer Ehemann Corey die Begeisterung immer wieder aufs Neue. Von ihren Erfahrungen als Backpacker und Tourist berichtet sie auch in Reiseführern wie „Camping in Australien" oder „Working Holidays in Australien", erschienen bei 360° medien.

Möchte man den Park nicht nur auf den ausgewiesenen Wegen entdecken, sondern z. B. hinter die Kulissen der Walls of China blicken, lohnt sich die Teilnahme an einer von Eingeborenen geführten Tour. Auf diese Weise erhält man eine wunderbare Mischung aus wissenschaftlichen Fakten und Traumzeit-Geschichten, die im Mungo National Park Hand in Hand gehen.

www.visitmungo.com.au
www.nationalparks.nsw.gov.au

LAGE
Mungo National Park, Arumpo NSW 2715. Ca. 115 km nord-östlich von Mildura, 655 km nordwestlich von Melbourne.

ANFAHRT
Über Calder Hwy/A79 Richtung Mildura, dort Abzweig auf unbefestigte Arumpo Rd.

ÖFFNUNGSZEITEN
Park & Besucherzentrum: Immer. Parkpersonal ist i. d. R. Mo-Fr 8:30-16 Uhr vor Ort.

EINTRITT
8 AUD pro Fahrzeug. Übernachtung ab 5 AUD/Nacht.

TOUREN
Aboriginal Discovery Tours: ab 50 AUD Erwachsene (Halbtagestour vor Ort).

TOURISTENINFORMATION
Visitor Information Centre, 180-190 Deakin Ave, Mildura VIC 3500.

www.360grad-medienshop.de

WORKING HOLIDAYS IN AUSTRALIEN

Der Ratgeber bereitet den Leser Schritt für Schritt auf das Auslandsabenteuer vor, angefangen bei den ersten Träumereien und Geldfragen über die Visumsbeantragung und Flugbuchung bis hin zur Bankkontoeröffnung und Jobsuche.

360° medien, 236 Seiten, Preis 16,95 €
ISBN 978-3-948097-84-4

CAMPING IN AUSTRALIEN

Der Reiseführer gibt aus erster Hand einen umfassenden Einblick in die wunderbare Art des Camperreisens in Australien. Angehende aber auch erfahrene Wohnmobil-Urlauber erhalten darin Infos und Tipps zum Thema.

360° medien, 288 Seiten, Preis 19,95 €
ISBN 978-3-944921-56-3

AUSTRALIEN – DER OSTEN

Das Buch widmet sich den Küsten- und Inlandsrouten der östlichen Bundesstaaten. Ein umfassender Serviceteil macht Lust aufs Schlemmen, hilft bei der Hotelsuche und gibt Tipps für Shoppen und Nightlife.

Michael Müller Verlag, 840 Seiten, Preis 26,90 €
ISBN 978-3956545610

AUSTRALIEN – WESTEN UND ZENTRUM

Mit diesem aktuellen und detaillierten Reiseführer entdecken Sie Australiens Westen und Zentrum. Komplett in Farbe, mit zahlreiche Fotos, Abbildungen und Karten.

Reise Know How Verlag, 612 Seiten, Preis 23,50 €
ISBN 978-3-89662-545-8

AUSTRALIEN KOMPAKT

'Australien kompakt' ist ein Reiseführer mit hoher Informationsdichte auf dem aktuellsten Stand und dadurch für organisiert Reisende der optimale Reisebegleiter.

Reise Know-How Verlag, 300 Seiten, Preis 17,50 €
ISBN 978-3-89662-553-3

FETTNÄPFCHENFÜHRER AUSTRALIEN

Auch in Down Under gibt es unzählige Gelegenheiten, sich kopfüber ins sprichwörtliche Fettnäpfchen zu stürzen. Oder wissen Sie auf Anhieb, wie man einen Haushalt schmeißt, der eine Tagesreise von der nächsten Stadt entfernt ist?

CONBOOK Verlag, 256 Seiten, Preis 12,95 €
ISBN 978-3-95889-174-6

Produkte mit der Rundumbetrachtung für Reisedestinationen rund um den Globus. Zusätzliche Informationen und Online-Bestellmöglichkeit unter: www.360grad-medienshop.de

Weitere Bücher, Magazine, DVDs, Kalender und mehr finden Sie online.

SARDINIEN

Die Autoren verraten 50 Tipps abseits der ausgetretenen Pfade. Die meisten liegen ein wenig abseits, aber manchmal auch in unmittelbarer Nähe zu den berühmten Sehenswürdigkeiten.

360° medien, 256 Seiten, Preis 14,95 €
ISBN 978-3-96855-277-4

WELTREISE DURCH DEUTSCHLAND

Mit diesem Buch kann man wohl die günstigste Weltreise seines Lebens machen! Es zeigt 50 Orte, an denen Sie die Welt mitten in Deutschland erleben können.

360° medien, 224 Seiten, Preis 19,95 €
ISBN 978-3-96855-275-0

360° UM DIE WELT
Alle Länder von Sonnenaufgang bis Sonnenuntergang

Start und Ziel dieses Buches ist die Datumsgrenze. Dazwischen liegen 360 Längengrade, 206 anerkannte und weniger anerkannte Staaten, Milliarden Menschen und unendlich viele Geschichten.

360° medien, 436 Seiten, Preis 19,95 €
ISBN 978-3-948097-81-3

AUSTRALIEN EXKLUSIV-KALENDER 2022

Aus traumhaften Australien-Motiven des Fotografen Ingo Öland hat die Redaktion von 360° Australien die schönsten 13 Motive ausgewählt.

360° medien, Format 70 x 50 cm, 49,95 €
ISBN 978-3-96855-269-9

MANUKA-HONIG
Das Allroundtalent aus Neuseeland für Ihr Wohlbefinden

Das Buch im praktischen Format bietet eine Fülle an Informationen, Anwendungstipps sowie Erfahrungsberichten und hilft, den kostbaren Manuka-Honig mit Gefühl und Verstand möglichst effektiv einzusetzen.

360° medien, 128 Seiten, 7,95 €
ISBN 978-3-96855-068-8

360° AUSTRALIEN
Magazine

Ältere Magazine aus den Jahren 2017, 2018 und 2019.

360° medien, jeweils 6,50 €

360° medien | Nachtigallenweg 1 | 40822 Mettmann | Tel.: +49 2104 5063 100 | Fax: +49 2104 5063 156
Web: www.360gradmedien.de | E-Mail: info@360gradmedien.de

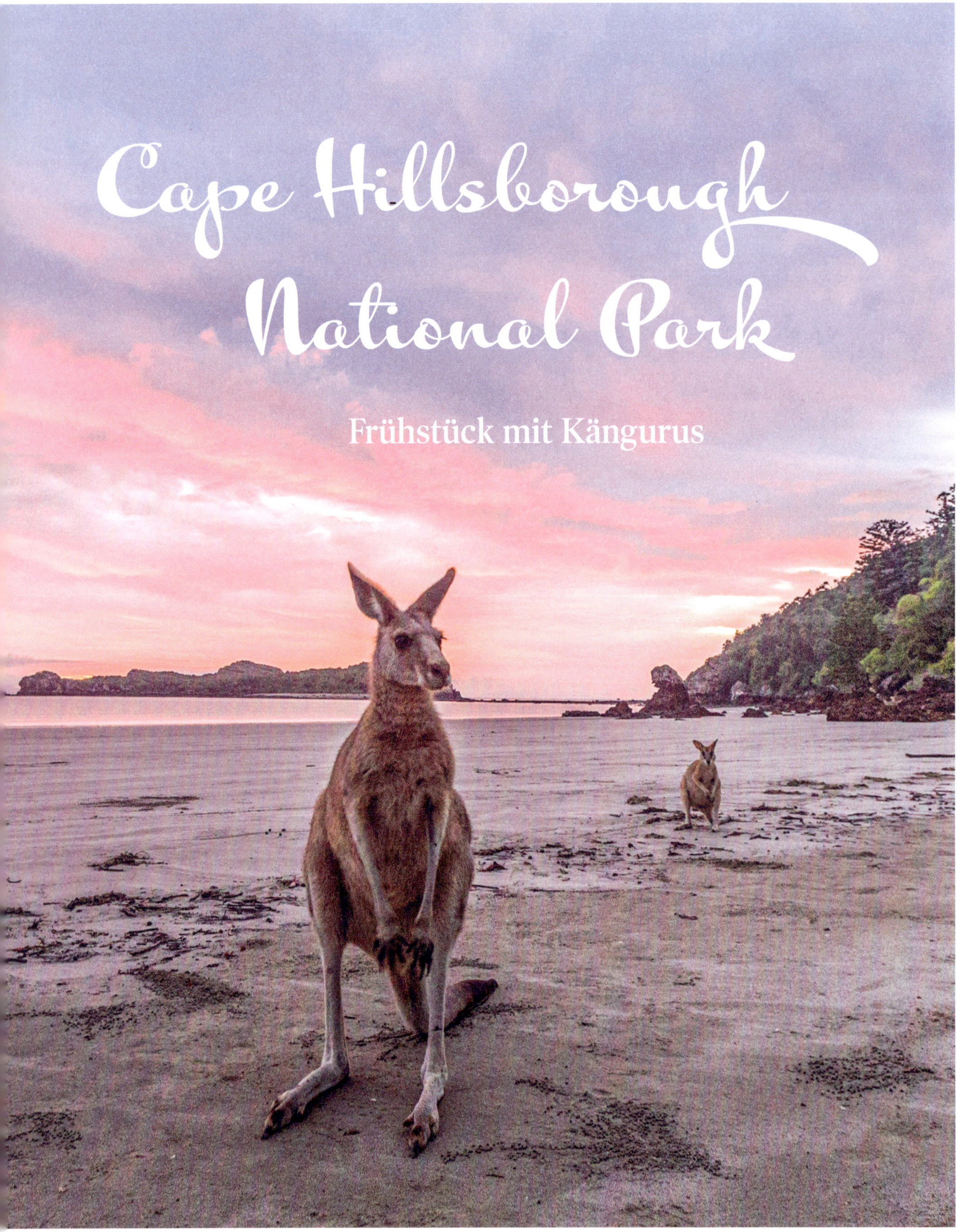
Cape Hillsborough
National Park
Frühstück mit Kängurus

Allmorgendlich bietet sich am Hauptstrand von Cape Hillsborough ein Postkartenmotiv der Extraklasse. Dann nämlich versammeln sich hier zahlreiche kleine Kängurus und grasen den Strand nach salzhaltigen, vom Meer angespülten Snacks wie Samenhülsen von Mangroven und Seetang ab. Und da man eh schon wach ist, bietet es sich anschließend an, die vielfältigen Wanderwege im Park zu erkunden.

Mangrovenszenerie zwischen dem Hauptstrand und Beachcomber Cove

Um die Kängurus nicht zu verpassen, sollte man spätestens eine halbe Stunde vor Sonnenaufgang am Strand sein, da sie meist verschwinden, sobald die ersten Sonnenstrahlen den Sand berühren. Vor einem sich langsam in lila, pink, rot und orange färbenden Himmel kann man wunderbare Fotos von den Silhouetten der relativ zahmen Tiere schießen. Dabei sollte man jedoch immer daran denken, dass sie wild sind und bei zu großer Aufdringlichkeit schnell und endgültig wieder im Gebüsch verschwinden können. Ein Erscheinen ist nicht garantiert, aber vor allem wenn Ebbe um diese Zeit herrscht, stehen die Chancen sehr gut. Doch auch bei Nichterscheinen lassen sich hier ein traumhafter Sonnenaufgang genießen, die Kunstwerke von Sandkuglerkrebsen bewundern und in den vielen kleinen Gezeitenbecken nach Anemonen und anderem Getier suchen.

Ein richtiger Geheimtipp ist dieses „Frühstück mit Kängurus" nicht mehr ganz, und besonders an Wochenenden und während der Schulferien kann es hier ziemlich zugehen. Doch überraschenderweise ziehen viele der menschlichen Besucher anschließend gleich wieder von dannen, um Schlaf nachzuholen – ohne die vier Wanderwege der na-hen Umgebung zu erkunden. Dabei kann man hier wunderbar die wilde Schönheit dieses kleinen Nationalparks erkunden, der vor vielfältigen Wäldern, Mangroven, Stränden und felsigen Landzungen nur so strotzt.

BUCHTIPP

AUSTRALIEN QUEENSLAND-NORD

50 Highlights abseits der ausgetretenen Pfade

Vom Südlichen Wendekreis bei Rockhampton bis zum Cape York im Norden stellt dieser außergewöhnliche Reiseführer 50 Destinationen abseits der ausgetretenen Pfade im Norden Queenslands vor. Es geht zu den besten Tauchplätzen am Great Barrier Reef, auf einsame Inseln, durch üppigen Regenwald und karge Savanne bis ins trockene Outback. Naturfreunde werden traumhafte Nationalparks entdecken, die selbst Einheimische kaum kennen. Somit ist dies der perfekte Reiseführer für all jene, die gerne weit ab von Menschenmengen auf Entdeckungsreise gehen, und diejenigen, die meinen, sie hätten schon alles in Queenslands Norden gesehen.

Michaela Urban,

360° medien, 1. Auflage 2018,

232 Seiten

Preis: 14,95 EUR

ISBN: 978-3-947164-59-2

Einer der schönsten Trails ist der einen Kilometer lange Beachcomber Cove Track zum nächsten Strand, der am nördlichen Ende des Cape Hillsborough Nature Tourist Park beginnt. Dabei geht es durch lichten Eukalyptuswald und an Resten von Regenwald mit Araukarien, Farnen und Lianen an mehreren Aussichtspunkten auf dem Kamm mit herrli-chen Blicken vorbei, bis hinunter zur Beachcomber Cove. Bei Ebbe kann man über den Strand wieder zurück nach Süden schlendern, ansonsten geht es auf dem gleichen Weg wieder zurück.

Südlich vom Hauptstrand führt der Andrews Point Track eine Stunde durch den Wald und entlang eines Bergrückens mit mehreren lookouts. Am Ende des Pfades offenbart sich bei Ebbe eine schmale Verbindung zu Wedge Island, die man allerdings nur bei fallender Tide begehen sollte. Entdecker können auf der Insel eine Höhle und auf dem benachbarten Mini-Wedge Island ein traumhaftes Felsenbecken finden. Doch so schön es auch ist, den einsamen Strand der Insel zu genießen, darf man dabei nicht vergessen wieder rechtzeitig zurückzukehren bevor einem das Wasser den Weg abschneidet. Lässt einem die Ebbe nach der Rückkehr ans Festland noch genug Zeit, so kann man anstatt des gleichen Rückweges alternativ auch die Abkürzung entlang des Wassers zum Hauptstrand wählen.

Wer daran interessiert ist, wie sich die Ureinwohner Australiens, die Aborigines, in der Vergangenheit von der Natur ernährten, der findet im nahegelegenen Hidden Valley den Beginn zum informativen, gut einen Kilometer langen Yuibera Plant Trail. Oder man wandert auf dem ebenso langen Diversity Boardwalk einen Kilometer vor dem Parkausgang durch Teebäume, lichten Eukalyptuswald und Mangroven, die als Kinderstube für zahlreiche Meeresbewohner dienen.

Michaela Urban

Michaela Urban ist als selbständige Reisefotografin und -autorin weltweit und am liebsten abseits der ausgetretenen Pfade unterwegs; michaelaurban.com

Wedge Island ist nur bei Ebbe zu Fuß erreichbar

www.visitmungo.com.au
www.nationalparks.nsw.gov.au

LAGE
5 km nördlich von Mackay und 80 km südöstlich von Airlie Beach

ANFAHRT
Von Mackay aus nimmt man den Bruce Highway 20 km in den Norden und biegt dann rechts auf die Yakapari Seaforth Road ab. Nach weiteren 20 km geht es nach rechts auf die Cape Hillsborough Road, die einen nach 10 km zum Parkeingang bringt. Von Prosperine aus nimmt man den Bruce Highway 79 km in den Süden bis zu Mount Ossa, wo man auf die nur für die ersten 8 km ungeteerte (aber für normale Autos geeignete) Mount Ossa Seaforth Road abbiegt. Nach 15 km nimmt man an der T-Kreuzung die Yakapari Seaforth Road 1 knappen km nach rechts und biegt dann auf die Cape Hillsborough Road ab, welche einen nach 10 km zum Parkeingang bringt..

ÖFFNUNGSZEITEN:
immer

EINTRITT:
nichts

AKTIVITÄTEN
Tierbeobachtungen, Wandern

UNTERKÜNFTE
Visitor Information Centre, 180-190 Deakin Ave, Mildura VIC 3500.

QPWS Campingplatz Smalleys Beach: Standardplatz am Strand unter Eukalyptusbäumen im westlichen Teil des Parks ohne Strom, aber mit Wasser, Toiletten und Picknicktischen; 6,55 AUD, p. P. (ab 5 J.); Onlinebuchung: *www.qld.gov.au/camping*

Cape Hillsborough Nature Tourist Park: Campingplatz direkt am Hauptstrand; Camping ab 29 AUD und Hütte ab 100 AUD; 51 Risley Parade, Cape Hillsborough; *www.capehillsboroughresort.com.au*; Tel.: +61 7 4959 0152

Achtung: Mitgebrachter Müll muss wieder mitgenommen werden. Potenziell gefährliche Quallen und Salzwasserkrokodile können in den Küstengewässern vorkommen.

Pearl Beach

Verstecktes Schmuckkästchen

Pearl Beach von oben

Morgendliches Stand-Up-Paddling am Pearl Beach

Pearl Beach ist ein eher unbekanntes Fleckchen Paradies, rund eineinhalb Stunden nördlich von Sydney gelegen. Ausspannen, Schwimmen und Wandern sind die drei Hauptaktivitäten, warum viele teils berühmte Sydneysider Ruhe und Erholung in Pearl Beach suchen.

Nur wenige Touristen kommen nach Pearl Beach, das in „Mainstream"-Reiseführern meist nicht auftaucht. Dabei ist der Name „Pearl Beach" ein Hinweis darauf, was der kleine Ort ist – ein kleines verstecktes Schmuckstück an der ansonsten recht zersiedelten und teils sehr touristischen Central Coast.

„Wertvolle" Straßen

Heute schmiegen sich rund 600 kleine Strandhäuschen in den Brisbane Water National Park ein und dominieren nicht die Landschaft. Keine großen Hotels oder Campingplätze haben sich angesiedelt, stattdessen kann man die Wochenendhäuser und Apartments reicher Sydneysider mieten, die vor allem während der Woche meist leer stehen.

Pearl Beach, dessen Straßen auch nach wertvollen Steinen (Jade Place, Emerald Avenue, Diamond Street, Amethyst

Wassersport ist bei den Australiern eine beliebte Freizeitbeschäftigung.

Mächtige Felsen laden zum Verweilen ein.

Avenue etc.) benannt sind, lohnt vor allem zum Ausruhen. Der idyllische Strand, ein Café und Restaurant und ein Meerwasserpool, in dem man seine Bahnen ziehen kann, laden zum Ausspannen und Seele baumeln lassen ein.

Qual der Wahl: Welche Aussicht ist die schönste?

Direkt vor Pearl Beach sollte man am Aussichtspunkt Mt Ettalong Lookout stoppen. Von einem kleinen Parkplatz aus führt ein Weg durch den Busch zu den Klippen (auf kleine Kinder achten!). Die Aussicht über die gesamte Bucht, die sogenannte Broken Bay, nach Pearl Beach und über Brisbane Water gehört zu den besten in der Region.

In Pearl Beach lohnt ein Spaziergang zum Crommelin Arboretum am Ende der Crystal Avenue, wo auch der Wanderweg nach Patonga mit etlichen weiteren schönen Aussichtspunkten startet (siehe 360° Info). Das 4,5 Hektar große Gelände besteht aus Rasenflächen, sumpfigen Regionen und gemäßigtem Regenwald gemischt mit Buschland.

Früh im Jahr findet hier auch ein Opernfestival statt, für das man allerdings rechtzeitig Tickets buchen muss. Ein ähnliches nettes Reservat befindet sich am Green Point in Pearl Beach: Das Paul Landa Reserve wartet mit einem weiteren schönen Spaziergang auf, der wiederum zu einem Aussichtspunkt auf die Bucht führt.

Blick auf Palm Beach

Idyllisches Pearl Beach

LAGE

Pearl Beach ist mit dem Auto etwa eineinhalb Stunden oder knapp hundert Kilometer von Sydney entfernt. Der kleine Ort liegt nördlich von Sydney direkt an der Küste und umgeben vom Brisbane Water National Park.

ANREISE

Über die Autobahn M1 geht es immer Richtung Gosford. Kurz nach dem Australian Reptile Park (ein sehenswerter Zoo, in dem die berüchtigten, hochgiftigen Trichternetzspinnen „gemolken" werden, um ihr Gift für die Gegengiftproduktion zu gewinnen, Lot 69 Pacific Highway, Somersby, NSW 2250, reptilepark.com.au) geht es rechts ab auf die A49 in Richtung Woy Woy. In Woy Woy rechts abbiegen in die Ocean Beach Road und danach der Beschilderung in Richtung Pearl Beach folgen.

Achtung: Die Strände sind nicht überwacht. Wie überall in Australien gilt Vorsicht beim Schwimmen, da starke Strömungen einen leicht ins Meer ziehen können.

AKTIVITÄTEN

Neben dem idyllischen Strand mit einer kleinen Lagune lohnt sich die Wanderung nach Patonga. Sie startet im Ortsinneren von Pearl Beach am Ende der Chrystal Avenue und dauert eineinhalb bis zwei Stunden (einfacher Weg). Unterwegs bieten sich einige schöne Aussichtspunkte für ein Picknick an. Vorsicht: Nicht alle Aussichtspunkte sind mit Geländern abgesichert. Der Abstieg nach Patonga ist steil und der Wanderweg wird ein wenig zum Abenteuer (auf gutes Schuhwerk achten!) bis man mitten im Sand des beschaulichen Ortes Patonga landet.

Früh im Jahr wird im Crommelin Arboretum eine Oper aufgeführt, für die es meist ab November Tickets gibt. *operarotarywoywoy.org.au*

ÜBERNACHTEN

In Pearl Beach gibt es zwar ein Restaurant (Pearls on the Beach) und ein Café (Pearl Beach Cafe & General Store) mit kleinem Lädchen nebendran, jedoch kein größeres Hotel, keinen Zeltplatz und keine Pensionen. Auch das macht den Charme des eher versteckten kleinen Strandörtchens aus. Übernachten kann man trotzdem und zwar in Privatunterkünften (Apartments und Häuser), die sich über *www.stayz.com.au* oder *www.airbnb.com.au* finden lassen.

Wer, wenn nicht ich?

DEUTSCH-AUSTRALISCHE TIERSCHÜTZERIN UND AUTORIN DR. MAREN DAMMANN BERICHTET ÜBER IHRE ARBEIT ALS TIERSCHÜTZERIN

Dr. Maren Dammann

Die deutsch-australische Autorin und studierte Naturschutzbiologin Dr. Maren Dammann ist seit über zehn Jahren im Wildtierschutz aktiv. Sie hat den Lebensraum von Koalas und Flughunden erforscht und führt einen Verein im subtropischen südöstlichen Queensland, der Wildtierretter unterstützt.

Australien ist für sie das Land der biologischen Superlative, in dem bizarre Tiere wie Schnabeligel und Baumkängurus für nie endende Faszination sorgen. Aber es ist auch ein Land, das von Naturkatastrophen und Umweltsünden geprägt ist. Als Autorin veröffentlicht sie Bücher im deutschsprachigen Raum, meist unter Pseudonym, manchmal unter ihrem Klarnamen. Unter anderem hat sie den Australienroman „Das Echo der Traumzeit" (Verlag Tinte&Feder) geschrieben, der es im Amazon-Ranking auf Anhieb auf Platz 7 der allgemeinen Bestsellerliste und im Bereich Belletristik für Frauen auf Platz 1 schaffte.

Ihnen liegt die Wildtierrettung am Herzen. Wann haben Sie damit angefangen und warum?

Seit ich denken kann, bin ich tierverrückt. Ich habe schon als Kind Bücher von Grzimek und anderen Naturforschern verschlungen und davon geträumt, selbst solche Abenteuer zu erleben und zum allgemeinen Wissenspool beizutragen. Deshalb habe ich auch erst Biologie studiert und habe mich dann während meines Masters auf die Arterhaltung spezialisiert. Die wissenschaftliche Forschung hat mir Spaß gemacht, vor allem die Arbeit mit Koalas. Dadurch habe ich auch viel ehrenamtlich gearbeitet und viele Kontakte geknüpft.

Mein Studium begann erst wenig erbaulich in Hamburg, wo wir Frösche seziert haben und ich endlos viel Zeit mit Parkplatzsuche verbracht habe. Als wir dann kurz darauf und recht spontan nach Australien auswanderten, eröffnete sich mir eine unglaubliche Welt der Möglichkeiten. Die Natur ist unfassbar schön, vielfältig und schützenswert!

Nach den Buschfeuern im Stirling Range National Park (Western Australia)

Wie schlimm sind die Brände derzeit in Australien und nehmen diese bedingt durch klimatische Veränderungen zu?

Die Buschfeuer in Australien gehören prinzipiell erst einmal zur Natur. Viele Pflanzen brauchen das Feuer, wie zum Beispiel der legendäre Grasbaum, der ausschließlich nach einem Buschfeuer blüht. Aber das Jahrtausende alte Gleichgewicht ist aus den Fugen greaten – Klimawandel und menschliche Eingriffe haben die Natur geschwächt, sorgen für häufigere und heißere Feuer, die alles zerstören. Ein „gesundes" Feuer ist bodennah und langsam, es bietet den Tieren eine Chance zu fliehen.

Die Buschfeuer 2019/2020 waren desaströs und haben einen irreparablen Schaden angerichtet. Die Anzahl der verbrannten Wildtiere geht in die Millionen. Es war eine furchtbare Zeit, und obwohl die Wildtierretter eine grandiose Leistung erbracht haben und es auch viel Hilfe aus dem Ausland einschließlich Deutschland gab, ist das Endergebnis in einigen Gegenden vernichtend.

Mein Mann Christian, einige ehrenamtliche Helfer und ich haben in der Zeit über hundert Holzhäuser gebaut, um den arborealen Tieren in den verbrannten Gebieten sichere Unterkünfte zu bieten und haben andere Wildtierpfleger mit allen Mitteln unterstützt.

Wie läuft eine solche Rettungsaktion eigentlich ab? Können Sie diese beispielhaft schildern?

Jede Rettungsaktion ist anders, und genau darin liegt die Herausforderung. Eine gute Ausstattung und Erfahrung helfen, aber letztendlich muss viel improvisiert werden. Oft ist man allein unterwegs und muss schnell, gezielt und kreativ handeln, um ein Tier zuerst einmal aus einer Notfallsituation zu befreien und es dann zu versorgen. Und natürlich hat jede Tierart andere Bedürfnisse. Wildtierretter können sich entwe-

Beim Bau von über 100 Holzhäusern für Possums und andere Baumbewohner in der heimischen Garage

Ein schwarzer Flughund bekommt Flüssigkeit, nachdem er aus einem Stacheldrahtzaun gerettet wurde

der um alle Tierarten kümmern oder sich auf eine Tierart spezialisieren – tendenziell sind Pfleger, die weiter draußen im Outback leben, eher Generalisten.

Ich bin momentan besonders aktiv im Bereich der Flughunde und Fledermäuse. Hier in Brisbane haben wir Kolonien von Graukopf-, Kleinen Roten und Schwarzen Flughunden. Ökologisch gesehen sind das unglaublich wichtige Tiere, da sie Samen und Pollen einheimischer Pflanzen über weite Strecken verteilen und somit für die Gesundheit von Wäldern eine unersetzliche Rolle spielen.

Die Kolonien befinden sich teils in der Stadt, und das führt zu vielen Unfällen. Die Tiere verheddern sich in Stacheldrähten und Obstbaumnetzen, fliegen gegen Glasflächen oder kollidieren mit Fahrzeugen. Außenstehende finden die Tiere und typischerweise geht dann ein Telefonanruf bei uns ein. Ein Wildtierretter wird dem Fall zugeordnet und fährt sofort raus. Dafür stehen wir alle auf Standby! Das kann natürlich auch mal ungelegen kommen, wenn man zum Beispiel gerade mit seiner Familie beim Mittagessen sitzt oder wie bei mir dafür öfters mal vom Pferd steigen muss. Aber wir machen das gerne, denn es geht oft um Leben oder Tod. Sobald wir an einer Unfallstelle ankommen, bewerten wir die Situation. Die erste und wichtigste Frage ist: Ist die Situation für uns gefährlich? So sehr wir Tiere auch lieben, wir müssen auf uns aufpassen. Dazu gehört nicht nur der fließende Verkehr sondern auch Flüsse, Baustellen oder Nutztiere. Danach bewerten wir die Situation, retten das Tier, führen eine Erstversorgung durch und bringen es dann entweder zu einem kooperierenden Tierarzt oder zu einem erfahrenen Rehabilitator, der dann Tage, Wochen oder auch Monate damit verbringt, das Tier wieder aufzupäppeln. Wenn dem Tier nicht mehr zu helfen ist, müssen wir das Tier einschläfern – das ist eine wichtige Aufgabe und kostet viel Kraft.

Je nach Jahreszeit kommen auch viele Jungtiere rein. Flughunde sind unglaublich kluge, verspielte und witzige Tiere, wer sich einmal mit ihnen beschäftigt, den lassen sie nicht mehr los!

Wie kann man Deine Arbeit unterstützen?

Ich bin die Vorsitzende der Initiative „STAR – Craft for Wildlife“. STAR ist ein Verein, der sich im Wesentli-

chen über Spenden finanziert. STAR verteilt dringend benötigte Hilfsmittel an ehrenamtliche Tierretter, vor allem Produkte aus Stoff wie Beutel, in denen verwaiste Känguru-, Wombat- oder Koalababys leben, da diese den Beutel der Mutter imitieren. Oder Possum-Pods, kleine gestrickte Kobel, in denen sich Possums wohlfühlen, da sie den Schutz einer Baumhöhle imitieren. Hergestellt werden diese tollen Dinge in Deutschland von den Mitgliedern meiner Facebook-Gruppe „Kuschelwerke für Australien". Da sind unglaublich talentierte Leute, die gemeinsam genau die Produkte herstellen, die für die Wildtierretter in Australien essenziell sind.

Viele Wildtierpfleger sind komplett auf sich allein gestellt, haben zahlreiche Tiere in Pflege, die alle zwei bis vier Stunden gefüttert werden müssen – jeden Tag! Hinzu kommen Gehegereinigung, Beschaffung von Vegetation als Futter, Wundversorgung, usw. Das ist ein hammerharter (unbezahlter) Job, der auch finanziell oft an die Grenzen geht.

Spenden brauchen wir sowohl für Rohmaterialien, also Stoffe, als auch für die Versandkosten von Deutschland nach Australien und innerhalb Australiens. STAR hat nur ehrenamtliche Mitarbeiter und sehr geringe Verwaltungskosten. Allein in den letzten zwei Wochen haben wir über 50 Pflegern helfen können!

Wallaby-Joeys bei der Fütterung mit speziell auf ihre Bedürfnisse abgestimmter Milch

Was fasziniert Sie an Fledermäusen und Flughunden besonders sowie an Possum-Waisen? Wie viele haben Sie bereits gerettet und aufgezogen?

Flughunde sind aus ökologischer Perspektive unglaublich wichtig, da sie als Langstrecken-Samenverbreiter und -Bestäuber eine Rolle einnehmen, die sonst kein anderes Tier einnehmen kann; viele Pflanzen sind von ihnen abhängig, unter anderem viele Eukalyptusbäume.

Allerdings sind sie auch furchtbar niedlich – von weitem sehen sie aus wie kleine Batmans, wenn man ihnen nahekommt, sieht man ein hübsches hundeartiges Gesicht mit großen freundlichen Kugelaugen.

Ich habe viele Flughunde gerettet, wie viele weiß ich nicht. Der Verein bei dem ich tätig bin heißt Bat Conservation and Rescue Queensland (*bats.org.au*).

Früher habe ich auch andere Tiere gerettet, z.B. Wallabys und Possums, aber die Flughunde halten mich gut auf Trab. Possums nehme ich jedes Jahr ein oder zwei Gruppen auf. Ringtail Possums mögen es, in einer Gruppe von drei bis fünf Tieren aufgezogen zu werden, Brushtail Possums bleiben lieber allein. Possums ziehe ich für den Verein BARN in Brisbane auf.

***Sie sind auch Buchautorin – sind Ihre Bücher auch in Deutschland erhältlich bzw. werden diese hier veröffentlicht*?**

Ja, ich schreibe regelmäßig Bücher zu verschiedenen Themen, die im deutschen Buchhandel zu finden sind. Letztes Jahr erschien mein Australienroman „Echo der Traumzeit" unter dem Pseudonym Josefine Meyer.

Im Februar 2022 wird mein Buch „Im Land der wilden Pfoten" unter dem Pseudonym Lea Lobrecht im Verlag HarperCollins erscheinen. In diesem Roman erzähle ich ungeschminkt eine fiktive, aber realitätsnahe Geschichte einer Wildtierretterin in Australien, die in den verheerenden Buschfeuern 2019/20 hilft und Licht dorthin bringt, wo keine Hoffnung mehr besteht. Viele der teilweise unglaublichen Geschichten in dem Buch beruhen auf wahren Tatsachen, obwohl ich natürlich Namen, Orte usw. abgeändert habe.

Weitere Bücher sind:

- Marwani – Jugendroman über ein Mädchen im Rollstuhl und ihre wilde Stute (Planet!/Thienemann)
- Amaris – Jugendroman über ein adoptiertes Mädchen, das seinen Vater kennenlernt und einen ganz besonderen jungen Hengst (Planet!/Thienemann)
- Ich bin Flocke; zu viel Talent, zu wenig Möhren! – Kinderbuch über ein liebenswertes freches Shetlandpony (Ueberreuter, erscheint Anfang 2022)
- Seehundsommer – Roman über eine junge Frau, die ihrer Großmutter auf deren Seehundstation in Ostfriesland hilft (Bastei Lübbe, wird veröffentlicht Anfang 2022)

Sie sind Solingerin: Gibt es einen (oder mehrere) Lieblingsorte, die Sie gerne besuchen, wenn Sie hier sind?

Na klar. Pflichtbesuch ist Schloss Burg, auf die bergischen Waffeln freue ich mich Monate im Voraus!

Dann natürlich das Denkmal des Rüden des Herzogs von Berg, das an der Stadtgrenze zu Solingen liegt. In meiner Jugend habe ich viel Zeit damit verbracht mit meinem Mountainbike die Wälder zu durchstreifen, und das war ein schöner Ort für eine Pause.

Lange nicht mehr besucht, aber für den nächsten Besuch auf meiner Liste ist das Tierheim – mit der Leiterin verbindet mich eine Geschichte, und ich bin eine große Bewunderin ihrer Arbeit.

Weit draußen im Outback, hier im Northern Territory, fühlt Dr. Maren Dammann sich am wohlsten.

Auch nach 26 Jahren Australien liegt mir Solingen noch sehr am Herzen! Auch zum Solinger Tageblatt habe ich eine enge Beziehung, denn ich habe in meiner Jugend als freie Mitarbeiterin zahlreiche Artikel für die Jugendseite geschrieben, und das hat meine Lust am Schreiben genährt und mir erste Referenzen verschafft.

Australien ist ihre neue Heimat. Wann sind Sie ausgewandert und was fasziniert Sie an diesem großen und fernen Kontinent? Und sehnen Sie sich manchmal nach dem Bergischen Land?

Mein Mann Christian und ich sind 2006 nach Australien gekommen und waren sofort von der Weite des Landes, der Vielfalt und Einzigartigkeit der Natur und den freundlichen Menschen begeistert. Die Lebensqualität ist sehr gut, und trotzdem kann man hier noch echte Abenteuer erleben. Seit meiner Auswanderung habe ich so vieles erlebt – von wahnsinnig schönen Dingen wie Expeditionen in das rote Zentrum Australiens, wo man 1000 Kilometer auf Sandpisten fährt und keine Menschenseele trifft, bis hin zu herausfordernden Situationen wie Begegnungen mit Krokodilen, Überflutungen und Buschfeuern. Und eine Python hatten wir auch schon im Wohnzimmer. Trotzdem vergisst man seine Heimat nie, trägt sie immer mit sich herum. Am meisten fehlt mir der Herbst des Bergischen Landes mit seinen sagenhaften Farbenspielen im Laub, der herrlich kühlen Luft und den Winden, die das Haar zerwühlen. Hier im subtropischen Teil Australiens gibt es keine so deutlichen Unterschiede zwischen den Jahreszeiten – ein kalter Wintertag bedeutet hier 20 Grad.

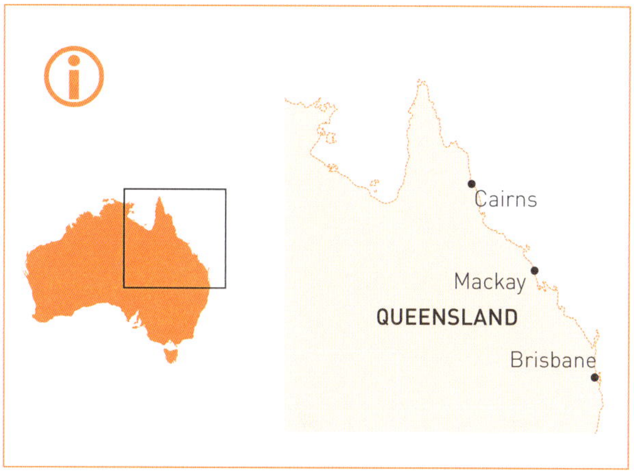

Vom Millionär zum Einsiedler zum Buchautoren

Autorin: Barbara Backhausen

David Glasheen in seinem Paradies auf Restoration Island

David Glasheen ist Australiens Robinson Crusoe. Der einstige Finanzmanager lebt seit über zwanzig Jahren auf einer einsamen Insel, zähmt Dingos und kämpft gegen die Elemente. Jetzt hat er ein Buch über sein Leben geschrieben.

Mit dem einen oder anderen Dingo hat er sich bereits angefreundet.

Restoration Island im Nordosten Australiens ist ein kleines Paradies: Palmen, weißer Sandstrand, hellblaues Meer. „Welcome to Resto" steht auf einem blauen Schild, das David Glasheen an einen Holzpfosten genagelt hat. Der 75-Jährige entspricht dem Klischee, das man von einem Einsiedler hat: Braungebrannt, mit langen weißen Haaren, nacktem Oberkörper und einem Rauschebart.

Doch Glasheen lebte nicht immer wie ein „Wilder" auf einer einsamen Insel. Bis vor etwas über zwanzig Jahren war er ein erfolgreicher Finanzmanager in Sydney, ging jeden Morgen mit Anzug und Krawatte aus dem Haus und verdiente Millionen. Doch dann kam der Börsencrash 1987. Der Australier verlor sein gesamtes Vermögen, seine Karriere und später auch seine Familie.

Schon Kapitän Bligh kam hier wieder zu Kräften

„Ich brauchte eine radikale Veränderung", erzählt er bei einem Treffen in Sydney, wo er sein neues Buch „The Millionaire Castaway" vorgestellt hat. Da stieß er auf Restoration Island und schloss einen Mietvertrag über fünfzig Jahre ab. „Die isolierte

Lage der Insel war der perfekte Ort, um über alles nachzudenken."

Restoration Island hat schon in der Vergangenheit gescheiterte Existenzen wieder aufgebaut: Zweihundert Jahre vor Glasheen erholten sich hier bereits Kapitän Bligh und seine Seeleute nach der Meuterei auf der Bounty. Und auch Glasheen fand auf der Insel wieder neue Kraft. Er freundete sich mit der lokalen Aborigine-Gemeinde an, deren Ansiedlung vierzig Kilometer weit entfernt liegt. Geld braucht er kaum, meist geht er nur einmal im Jahr in den Supermarkt. Stattdessen handelt er: Für sein selbstgebrautes Bier schenken ihm lokale Fischer im Austausch Garnelen.

Russell Crowe kam während der Flitterwochen vorbei

In einem kleinen Garten baut er Kräuter an, Chilli, Knoblauch und Ingwer sowie asiatische Gemüsesorten wie Bok Choy. Karotten oder Kartoffeln würden in dem sandigen Boden der Insel nicht gedeihen, sagt Glasheen. Außerdem fischt er mit einem Speer oder sammelt Austern. „Hungern muss ich nie", meint der Australier. Alle paar Wochen kommen auch Besucher vorbei.

In seiner Autobiographie erzählt er von Russell Crowe, der während seiner Flitterwochen vorbeisegelte und dem Vorstandsvorsitzenden von McDonald's, der auf einem Angelausflug bei ihm stoppte. „Nur in der Regenzeit wird es doch ein wenig einsam, dann kommt oft wochenlang keiner vorbei", sagt Glasheen. „Dann spreche ich mit meinem Dingo, der antwortet zwar nicht, aber er ist sehr schlau."

Krokodile, Wirbelstürme und Giftschlangen

Insgesamt hat David Glasheen bereits vier Dingos in den vergangenen zwanzig Jahren gezähmt. Doch nicht alle Tiere sind so freundlich wie die Wildhunde. Mit Boxhead, einem alten Salzwasserkrokodil, pflegt Glasheen eine Art Hassliebe. Außerdem muss er sich vor Giftschlangen und -spinnen auf der Insel in Acht nehmen. Einmal musste er wegen eines Spin-

Einer von Glasheens Dingo-Freunden

nenbisses ins Krankenhaus, ein anderes Mal brach er sich die Hüfte. Er brauchte eine Stunde, um bis zu seiner Hütte zu gelangen und um Hilfe zu rufen.

In den Sommermonaten machen ihm zudem Zyklone, Buschfeuer und Überschwemmungen das Leben schwer. Ein Wirbelsturm zerstörte in der Vergangenheit bereits das Dach seiner Hütte teilweise. Mehr Angst hat er allerdings vor Buschfeuern. „Beim Feuermachen bin ich immer extrem vorsichtig", meint er.

David Glasheen in Sydney während des Interviews zu seinem Buch

Die meisten Menschen haben nicht genug Zeit

Trotz allen Gefahren findet Glasheen: „Die Stadt ist in meinen Augen gefährlicher als meine Insel." Den schnellebigen Alltag in Sydney vermisst Glasheen kein bisschen. „Die meisten Menschen haben hier nicht genug Zeit", sagt er. Auf seiner Insel würde er zwar gute Musik, nette Frauen und intelligente Unterhaltungen vermissen, doch alles in allem sei er hier so glücklich wie noch nie zuvor in seinem Leben.

„Die Insel hat mich wirklich wieder zu Leben erweckt", sagt er. Nur eines würde noch zu seinem Glück fehlen und das sei seine Familie, mit der er seit Jahren keinen Kontakt hat. „Deswegen habe ich auch das Buch geschrieben", meint er. Er wolle seiner Familie zeigen, wie sehr er sich hier positiv verändert habe.

Außerdem will Glasheen mit seiner Geschichte anderen Menschen helfen, die wie er durch eine schwere Zeit gehen. Deswegen träumt er auch davon, ein kleines Wellness Retreat aufbauen zu können, in dem Menschen wieder zu sich selbst finden können. „Es wäre ein social enterprise, denn ich hasse es, nach Geld zu fragen."

Obwohl Glasheen wie ein Einsiedler lebt und auch so aussieht, ist er keineswegs in sich gekehrt, sondern gesprächig und freundlich. Dies erlebte auch der Dokumentarfilmer und Forscher Alvaro Cerezo so, als er 2017 mehrere Tage mit Glasheen verbrachte und sich mit ihm anfreundete. „Er ist ein sehr sozialer Mensch", sagte Cerezo über den Australier. „Völlig anders als der langjährige, japanische Einsiedler Masafumi Nagasaki, der 29 Jahre auf seiner Wüsteninsel lebte und mit dem ich ebenfalls auf seiner Insel lebte."

„Welcome to Resto": Der Einsiedler freut sich immer über Gäste.

Palmen, Strand und ganz viel Meer

Aufnehmen | Australien 1872

WIE EIN DEUTSCHER SEIN GLÜCK FAND UND FOTOGESCHICHTE SCHRIEB

Bernhard Holtermann wanderte 1858 von Hamburg nach Australien aus und fand dort 1872 den größten Goldklumpen der Welt. Den neu gewonnenen Reichtum teilte er mit seiner Wahlheimat. Er reiste durch die Kolonien und ließ in spektakulären Bildern das dortige Leben dokumentieren. Holtermanns Geschichte und über 150 der beeindruckenden Fotos sind in diesem Band zum großen Teil erstmals veröffentlicht und für die Ewigkeit festgehalten.

Viele Migranten fanden in Australien Mitte des 19. Jahrhunderts eine neue Heimat. Holtermann war einer von ihnen. Er kam in ein aufblühendes wohlhabendes Land, und der Fund des größten Goldklumpens bescherte ihm eine einmalige Chance, die er nutzte.

Seine überaus spannende Lebensgeschichte, sein bedeutendes Wirken und seine epochalen Visionen, erzählt Christoph Hein in diesem Buch nach. Er rekonstruiert aber nicht nur die Biografie einer Person, sondern gibt fundierte und facettenreiche Einblicke in die Entwicklung des Pionierlandes Australien selbst selbst, denn Holtermanns Einfluss auf die Kolonialgeschichte des Landes war immens.

Es ist spannend zu lesen, von welcher Rastlosigkeit Holtermann getrieben war und in welchen Sparten er überall seine Spuren hinterlassen hat. Die von Fotografen der Zeit angefertigten Fotos, von Holtermann finanziert, vermitteln faszinierende Eindrücke von der Vielgestaltigkeit des Landes. Sie gehören zur weltgrößten Glasplattensammlung und sind von der UNESCO als Weltkulturerbe geschützt.

Die Bilder und Dokumente, die einst für das Land werben sollten, stellen heute bedeutende Zeitdokumente dar. Ein fesselndes, informatives und anschauliches Buch für Australien-Interessierte, die ihren Horizont erweitern wollen, und zugleich ein wertvoller Beitrag zur Erforschung des deutsch-australischen Kulturaustausches.

Der Autor Dr. Christoph Hein lebt als Korrespondent der Frankfurter Allgemeinen Zeitung seit 20 Jahren in Asien. Ihn interessieren die Geschichten hinter den Namen, die Menschen, die die Entwicklung der asiatischpazifischen Region vorantreiben. Der Autor mehrerer Bücher betreut derzeit den südlichen Streifen dieser Weltgegend von Pakistan bis zu den Pazifikinseln und verbringt viel Zeit in Australien.

GEWINNSPIEL

Unter unseren Lesern verlosen wir drei Exemplare des Buches „Australien 1872". Schreiben Sie uns bis zum 31. Januar 2022 eine Mail an *gewinnspiele@360grad-medien.de* mit dem Kennwort „1872". Teilnahmebedingungen: *360grad-travel.club/news/deutschland/item/teilnahmebedingungen-fuer-gewinnspiele-360-medien*

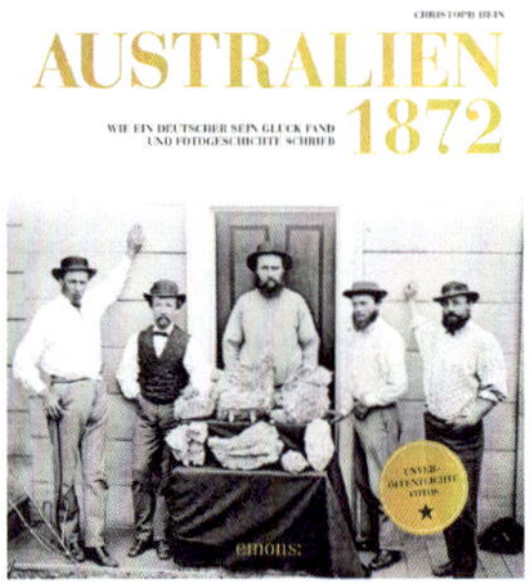

Christoph Hein

Verlag: Emons Verlag, 2020
240 Seiten
Preis: 39,95 EUR
ISBN: 978-3-7408-0633-0

Fernweh stillen

MIT DER SYDNEY OPERA ALS 3D PUZZLE VON RAVENSBURGER

Kein anderes Gebäude steht so symbolisch für die ikonische Silhouette von Sydney wie das Opernhaus. Mit über 10 Millionen Besuchern im Jahr 2019, ist die Sydney Opera die beliebteste Besucherattraktion Australiens – noch vor dem Great Barrier Reef, Uluru und Bondi Beach.

Ab sofort können Reisebegeisterte mit dem 3D Puzzle-Modell von Ravensburger das beeindruckende Bauwerk nachpuzzeln und damit das Fernweh stillen.

Mit 216 Kunststoffteilen und 21 Zubehörteilen können Australien- und Reisefans die Oper selbst als dreidimensionales Modell nachbauen. Die auf der Rückseite nummerierten Puzzleteilen sorgen dabei für stabilen Halt – ganz ohne Kleben. Wen also die Reisesehnsucht packt, der hat mit diesem 3D Puzzle nicht nur ein tolles Erlebnis, sondern am Ende auch einen Blickfang in der Wohnung.

Das Opernhaus Sydney zählt zu den bekanntesten, markantesten und meist fotografierten Bauwerken der Welt und wurde ursprünglich vom dänischen Architekten Jørn Utzon entworfen. Bis zur Fertigstellung im Jahr 1973, gingen rund 14 Jahre Bauzeit ins Land. Dabei wurde das Budget von ursprünglich 7 Millionen Australischen Dollar um mehr als das 10-fache überschritten – am Ende kostete der Bau der Oper über 100 Millionen Australische Dollar.

Die unverwechselbare Dachstruktur ist mit über einer Million Keramikfliesen verkleidet und ragt bis zu 67 Meter über den Meeresspiegel – das entspricht einem 22-stöckigen Gebäude. Kein Wunder also, dass die Sydney Oper 2007 zum UNESCO Welterbe erklärt wurde und seit jeher ein Anziehungspunkt für Besucher*innen aus aller Welt ist. Die Sydney Oper beheimatet zudem sieben Veranstaltungsräume, mehrere Restaurants, Bars und natürlich einige Souvenirshops.

Seit September 2021 ist das Opernhaus Sydney als Ravensburger 3D Puzzle für rund 49 Euro im Handel erhältlich. Weitere Informationen auf *ravensburger.de*.

GEWINNSPIEL

Wir verlosen drei Exemplare des 3D Puzzle der Sydney Opera. Schreiben Sie uns bis zum 31. Januar 2022, was Sie mit Australien im Allgemeinen oder gar Sydney im Speziellen verbindet (per Mail an *gewinnspiele@360grad-medien.de*). Mit etwas Glück gehören Sie dann zu den Gewinnern. Die Teilnahmebedingungen für dieses Gewinnspiel finden Sie hier: *360grad-travel.club/news/deutschland/item/teilnahmebedingungen-fuer-gewinnspiele-360-medien*

THE DRY

– DIE LÜGEN DER VERGANGENHEIT

Nach langer Zeit kehrt Federal Agent Aaron Falk in seine Heimatstadt zurück. Die australische Kleinstadt Kiewarra ist nicht nur wegen der seit 324 Tagen andauernden Trockenheit wie gelähmt. Ein Mord hat die Stadt erschüttert. Aarons bester Freund aus Kindertagen Luke soll seine Frau und sein Kind getötet haben, bevor er sich selbst das Leben nahm. Nur auf Bitten von Lukes Eltern bleibt Aaron nach der Beerdigung in der Stadt, um an dem Fall mitzuarbeiten.

Doch unter der flirrenden Hitze der australischen Sonne werden Erinnerungen wach, an die Zeit vor über 20 Jahren als Aarons Freundin Ellie Deacon tot aus dem Fluss geborgen wurde. Ellies Bruder und Vater halten Aaron auch jetzt noch für ihren Mörder und so muss er nicht nur Lukes Unschuld beweisen.

Basierend auf dem Bestseller „Hitze" der britisch-australischen Autorin Jane Harper erzählt der Thriller „THE DRY – Die Lügen der Vergangenheit" eine nervenzerreißende Kriminalgeschichte vor der Kulisse einer von Dürre geplagten Kleinstadt – eingefangen in langsamen undatmosphärischen Bildern, die einen die Unnachgiebigkeit der Sonne förmlich spüren lassen.

In der Hauptrolle des Federal Agent Aaron Falk brilliert Eric Bana („King Arthur: Legend of the Sword", „Troja"). In weiteren Rollen sind u. a. Genevieve O'Reilly („Star Wars: Rogue One", „Legend of Tarzan") und Keir O'Donnell („American Sniper", „Fargo") zu sehen. THE DRY – Die Lügen der Vergangenheit wurde im Rahmen der Official Selection auf dem Fantasy Filmfest präsentiert.

GEWINNSPIEL

Wir verlosen zwei DVDs und eine Bluray von THE DRY. Wenn Sie an dem Gewinnspiel teilnehmen möchten schreiben Sie uns bis zum 31. Januar eine Mail an *gewinnspiele@360grad-medien.de*. Teilnahmebedingungen: *360grad-travel.club/news/deutschland/item/teilnahmebedingungen-fuer-gewinnspiele-360-medien*

THE DRY – Die Lügen der Vergangenheit
Laufzeit: ca. 112 Minuten
Regie: Robert Connolly
Drehbuch: Harry Cripps, Robert Connolly
FSK: Ab 16

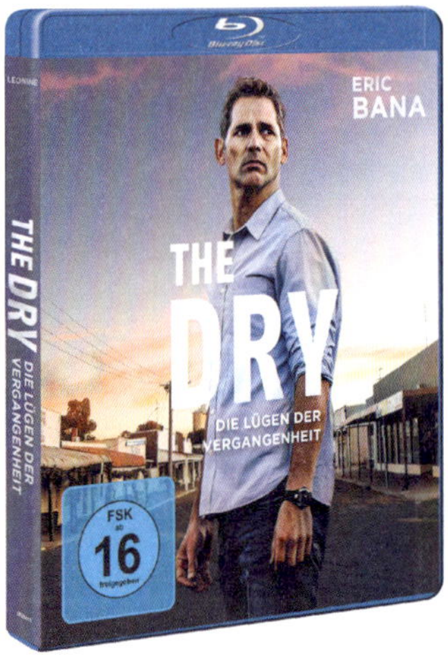

360° travel.CLUB

360° Heimat**Reisen**

Zweijahresabonnement 32,00 €*

SONDERAKTION

Jetzt abonnieren und eine Ausgabe gratis erhalten!

Wenn Sie 360° Heimat**Reisen** jetzt für 4 Ausgaben zum Preis von 32,00 €* abonnieren (zwei Jahre Laufzeit, Einzelpreise jeweils 9,50 €), erhalten Sie eine weitere Ausgabe gratis dazu!

Weitere Infos finden Sie unter: 360grad-medienshop.de/360-Heimat**Reisen**-Abo

*das Angebot gilt für eine Lieferadresse innerhalb Deutschlands
Preis innerhalb der EU: 40,00 €
Preis außerhalb der EU: 48,00 €

Telefon: +49 2104 / 50631 00
Telefax: +49 2104 / 50631 56

360° medien

info@360grad-travel.club
www.360grad-medien.de

360°

Australien Leserfoto-Wettbewerb

An dieser Stelle präsentieren wir in jeder Ausgabe die schönsten Fotos unserer Leser. Schicken Sie uns Ihr Lieblingsmotiv aus Australien in möglichst hoher Auflösung und mit kurzer Motivbeschreibung an: *redaktion@360grad-medien.de* und mit etwas Glück veröffentlichen wir Ihr Foto an dieser Stelle oder gar im 360° Australien Leserfotokalender 2023.

Kangaroos auf Kangaroo Island (South Australia), Fotografin Caroline Gut

Küste bei Binalong Bay (Tasmania), Fotograf Stefan Bogdon

Piste von Finke Richtung Simpsons Desert (Northern Territory), Fotograf Christian Kücherer

Stirling Ranges (Western Australia), Fotografin Susann Merten

Ausblicken

Special: Eintauchen in die indigene Kultur

New South Wales: Wollumbin National Park

Queensland: Kondalilla National Park

Unsere nächste Ausgabe:
360° Australien erscheint voraussichtlich im Juni 2022*

*Änderungen vorbehalten

Impressum

360° Australien erscheint halbjährlich
360° medien
Nachtigallenweg 1 | 40822 Mettmann,
Tel.: +49 2104 50 63 -100 | E-Mail: info@360grad-medien.de
redaktion@360grad-medien.de | www.360grad-medien.de

Geschäftsführung: Christine Walter

Chefredaktion (V.i.S.d.P.): Andreas Walter
E-Mail: a.walter@360grad-medien.de

Redaktion: Barbara Barkhausen, Sydney

Mitarbeiter dieser Ausgabe: Barbara Barkhausen, Dr. Maren Dammann, Marcel Kaspar, Reni Kaspar, Hilke Maunder, Corinna Melville, Stefanie Stadon, Michaela Urban

Design und Layout: 360° medien | Serpil Sevim-Haase

Anzeigenleitung:
Stefanie Pöller | E-Mail: s.poeller@360grad-medien.de
Tel.: +49 2104 50 63 -106

Marketing und Vertrieb, Leserservice:
Julia Schüller | E-Mail: vertrieb@360grad-medien.de
Tel.: +49 2104 50 63 -100

ISBN: 978-3-96855-291-0 | **ISSN:** 2195-0040

Vertrieb Presseeinzelhandel:
IPS Pressevertrieb GmbH, 53334 Meckenheim, www.ips-d.de
Einzelpreise im Handel: D, A, Europa: 9,50 € | Schweiz: 13,60 CHF

Jahresabonnement 360° Australien: Deutschland 24 €, Ausland EU 30 €, Ausland Welt 34 €. Das Abonnement verlängert sich automatisch um ein weiteres Jahr, wenn es nicht sechs Wochen vor Ablauf gekündigt wird. Der Jahrespreis für das Abonnement enthält zwei Ausgaben des Magazins 360° Australien (Einzelpreise jeweils 9,50 €) sowie einen Wandkalender im A4-Format mit den schönsten Leserfotos aus Australien (Einzelpreis 12,50 €). Ebenfalls enthalten sind im Abonnement zusätzlich die Versandkosten und – soweit erforderlich – die gesetzliche Mehrwertsteuer.

Bildnachweise: Barbara Barkhausen S. 12 o, 13 o, 44 u, 45-46, 56 li; Bidgee, CC BY-SA 3.0 AU S. 9; Charcoal Lane S. 12 u; Maxime Coquard S. 5 o; Aubrey Comden S. 54 o, 57 o 57 u; Maren Dammann S. 4, 48-53; Destination NSW S. 44 o; Destination NSW | Grenville Turner S. 66 mi; Andrew Fielke | Creative Native S. 13 u; David Glasheen S. 55 o, 56 re, David Glasheen | Alvaro Cerezo S. 54 u; Reni und Marcel Kaspar S. 1, 3, 20-25; Hilke Maunder S. 18, 19; Stuart McAndrew |Central Coast Tourism S. 42/43; Corinna Melville S. 28, 29, 30/31 o; Sue Ryan S. 55 u; South Australian Tourism Commission S. 26/27, 30 u; The Dry S. 60; Tourism Australia S. 11; Tourism and Events Queensland S. 66 o; Tourism and Events Queensland | Larissa Dening S. 66 u; Tourism and Events Queensland | Matt Glastonbury S. 5 re, 38; Tourism and Events Queensland | Brooke Miles S. 39 u; Tourism Western Australia S. 16; Unsplash | David Clode S. 6; Unsplash |Dan Freeman S. 8; Unsplash | Tea Creative Soo Chung S. 14; Unsplash | Utsav Siwakoti S. 15; Michaela Urban S. 39 o 40/41; Visit Victoria S. 5 u mi, 7; Visit Victoria | Roberto Seba S. 32/33, 34, 35; Voyages Indigenous Tourism Australia S. 5 u li.